ORÇAMENTO EMPRESARIAL

PASSO A PASSO

www.editorasaraiva.com.br

Masakazu Hoji

ORÇAMENTO EMPRESARIAL

PASSO A PASSO

saraiva uni

SOMOS EDUCAÇÃO | saraiva uni

Av. das Nações Unidas, 7221, 1º Andar, Setor B
Pinheiros – São Paulo – SP – CEP: 05425-902

SAC | **0800-0117875**
De 2ª a 6ª, das 8h às 18h
www.editorasaraiva.com.br/contato

Presidente Eduardo Mufarej
Vice-presidente Claudio Lensing
Diretora editorial Flávia Alves Bravin
Planejamento editorial Rita de Cássia S. Puoço
Aquisições Fernando Alves
Julia D'Allevo
Editores Ana Laura Valerio
Lígia Maria Marques
Thiago Fraga
Produtoras editoriais Alline Garcia Bullara
Amanda M. Loyola
Daniela Nogueira Secondo
Suporte editorial Juliana Bojczuk Fermino

Preparação Regiane Stefanelli
Revisão Beatriz Simões
Diagramação e capa Caio Cardoso
Impressão e acabamento

ISBN 978-85-472-2188-1

DADOS INTERNACIONAIS DE CATALOGAÇÃO NA PUBLICAÇÃO (CIP)
ALINE GRAZIELE BENITEZ CRB-1/3129

H664o Hoji, Masakazu
1.ed. Orçamento empresarial / Masakazu Hoji. – 1.ed. – São Paulo: Saraiva Educação, 2018.

ISBN: 978-85-472-2188-1

1. Orçamento empresarial. 2. Planejamento. 3. Controle financeiro. 4. Atividades empresariais. 5. Administração. I. Título.

CDD 658
CDU 658.4

Índices para catálogo sistemático:
1. Orçamento empresarial
2. Planejamento: administração

1ª edição

EDITAR 16.301 CL 651130 CAE 623043

A minha mãe [*in memoriam*] e a meu pai.
A minha esposa e
a meus filhos.

Sobre o autor

Masakazu Hoji é mestre em Ciências Contábeis e Atuariais pela Pontifícia Universidade Católica de São Paulo (PUC-SP), especialista em Administração Financeira e bacharel em Ciências Contábeis. Foi coordenador de cursos de pós-graduação do Centro Universitário Senac e professor em diversas instituições de ensino superior. Como executivo de Finanças e Controladoria, atuou em diversas corporações multinacionais e nacionais. É sócio de organizações especializadas em planejamento, perícia contábil e consultoria financeira.

Apresentação

Por utilizar uma linguagem bastante fácil, explicando a evolução do processo orçamentário passo a passo, acreditamos que este livro-texto facilite sobremaneira a função do aluno em aprender e a do professor em ensinar a elaboração e o controle do orçamento empresarial.

As empresas desenvolvem-se e buscam lucro constante e crescente, pois o objetivo financeiro de todas as corporações com fins lucrativos é maximizar o seu valor de mercado. Com a maximização do valor de mercado, a empresa consegue contribuir para o desenvolvimento da sociedade e de seus colaboradores.

Para que haja lucro crescente e sustentável em longo prazo, é preciso utilizar ferramentas de gestão que realmente funcionem. O orçamento empresarial, se utilizado adequadamente, é uma dessas ferramentas eficientes e eficazes para o planejamento e controle financeiro.

É por esses motivos que as grandes corporações elaboram o orçamento empresarial. E as pequenas e médias empresas? Por que muitas não o fazem? A experiência vivida pelo autor durante sua carreira em empresas multinacionais e nacionais, bem como em serviços de consultoria empresarial, mostra que um dos motivos para que essa importante ferramenta de gestão deixe de ser usada nas empresas é os próprios gestores não confiarem nela ou não compreenderem muito bem a sua mecânica, que, na verdade, é muito simples.

É verdade, também, que o planejamento e controle financeiro baseado em orçamento empresarial demanda os serviços de profissionais qualificados para tal atividade, o que não é tão abundante no mercado. Por que, então, não preparar os profissionais de controladoria para exercer adequadamente a atividade de planejamento e controle financeiro por meio de orçamento empresarial? Foi com base nesse propósito e em sua vivência na área de consultoria e gestão empresarial que o autor começou a desenhar um modelo de orçamento empresarial que pudesse ser compreendido com facilidade por estudantes, professores e gestores.

Com o modelo de orçamento empresarial simplificado, mas completo o bastante, que é desenvolvido neste livro, pretendemos ensinar a mecânica do orçamento empresarial, que nada mais é do que a contabilidade do período futuro.

Para escrever este livro, contamos com as sugestões de professores da área de finanças e controladoria, notadamente, do professor doutor Alexandre Mendes, que contribuiu, com seus conhecimentos na área de orçamento empresarial, para a elaboração do **Capítulo 2 (Conceitos e tipos de orçamento)**.

A estrutura deste livro é formada por oito capítulos:

Nos **Capítulos 1 e 2**, abordamos **conceitos e noções básicas** relativos ao planejamento e controle financeiro (**Capítulo 1**) e aos tipos de orçamento (**Capítulo 2**).

Nos **Capítulos 3 a 7**, apresentamos um **modelo de orçamento empresarial explicado passo a passo**. Esse modelo começa pelo planejamento orçamentário (**Capítulo 3**) e é desenvolvido por meio de quadros orçamentários (**Capítulos 4 a 7**), que podem ser utilizados para praticar, acompanhando as explicações contidas nos próprios quadros e detalhadas no texto.

No **Capítulo 8**, apresentamos uma **forma de controle orçamentário**, pois, certamente, surgem variações entre os valores planejados e os valores efetivos ao longo do período orçamentário. Essas variações podem ser explicadas tecnicamente, o que permite alavancar a eficácia do planejamento e controle financeiro por meio do orçamento empresarial.

Sumário

CAPÍTULO 1

Planejamento e controle financeiro

Visão geral

As atividades empresariais são executadas para gerar lucros e, para obtê-los, existem sacrifícios de recursos. Os lucros são, portanto, o resultado de receitas deduzidas dos custos e despesas.

Nem todas as empresas conseguem obter o lucro desejado, mas, certamente, aquelas que fazem o planejamento e controle financeiro adequado terão mais probabilidades de sucesso.

1.1 Atividades empresariais

A empresa deve contribuir para o desenvolvimento da sociedade, produzindo bens ou serviços em valor superior ao dos recursos consumidos. Esse raciocínio é simples, como se observa na Figura 1.1:

Figura 1.1 Processo de *input*, transformação e *output*

Fonte: elaborada pelo autor.

Entre os dois extremos: entrada (*input*) de recursos, no valor de R$ 100, e saída (*output*) de produtos e serviços, no valor de R$ 150, existe um valor agregado pela empresa, de R$ 50. Esse é o "prêmio" que a empresa recebe pela contribuição ao processo.

O valor produzido do exemplo citado, de R$ 150, deve ser superior aos esforços financeiros dispendidos diretamente (custo de matéria-prima, gastos industriais, despesas comerciais e administrativas), no valor de R$ 100, de forma a sobrar um valor que seja suficiente para remunerar pelo menos o processo de produção/transformação e o capital dos investidores (este, por meio de pagamento de juros e distribuição de lucro).

Além desses fatores de produção, o que mais precisaria ser remunerado? Seria o esforço da própria empresa, que, após remunerar todos os fatores que contribuíram na obtenção da receita, precisa obter uma sobra de recursos para continuar exercendo suas atividades de forma sustentável. Seria o recurso para reinvestimento na própria empresa.

Imaginemos um pequeno comércio: uma lanchonete, por exemplo. A empresa, neste caso, adquire materiais diversos (pão, salsicha, presunto, sal, óleo comestível etc.) e, aplicando outros insumos (energia elétrica, gás combustível, mão de obra etc.), transforma-os em produtos prontos para venda (sanduíches, salgadinhos etc.). Para entregar o produto ao cliente (consumidor final), a empresa recorre, também, a recursos na forma dos atendentes de mesa, que fazem o pedido e a entrega. Ainda existem os profissionais de suporte, que recebem do cliente (caixa), cuidam dos aspectos gerais da loja (gerente) e fazem os controles administrativos, bem como os proprietários, que investiram no negócio.

Utilizando o valor gerado dentro da empresa, de R$ 50, poderíamos distribuí-lo como segue:

Remuneração dos fatores	Valor (R$)
Aquisição de materiais (pão, salsicha etc.)	20
Outros insumos (energia elétrica, gás etc.)	10
Pedido e entrega ao cliente (atendentes)	5
Profissionais de suporte (caixa, gerente etc.)	2
Proprietários (distribuição de lucro)	8
Total	**45**

No nosso exemplo, a empresa havia "agregado" valor de R$ 50. Dentro da própria empresa, foram gastos R$ 45 para remunerar todos que participaram do processo, de alguma forma, no processo de "*input*, transformação e *output*". A sobra de R$ 5, que é a parte do lucro não distribuído aos proprietários, permanece na própria empresa, para esta utilizá-lo em suas atividades, de forma sustentável, ficando menos dependente do capital de terceiros (bancos) ou dos proprietários.

O conceito que explicamos vale para todos os tipos de empresas: industriais, comerciais ou de serviços, guardadas as devidas proporções.

1.1.1 A empresa e o sistema de geração de lucro

Uma empresa processa recursos e fornece produtos, bens e serviços, interagindo com o ambiente ao seu redor para cumprir seu papel na sociedade. Essa interação pode ser visualizada na Figura 1.2.

Para que a empresa consiga produzir um "valor adicional" na fase de processamento, é preciso haver um eficiente sistema de planejamento e controle.

Assim, Hoji[1] sugere visualizar a empresa como um sistema de geração de lucro, em que os proprietários, ou acionistas, injetam recursos com a finalidade de obter retorno adequado ao risco assumido, o que pode ser visto na Figura 1.3.

Conforme é mostrado na Figura 1.3, para que a empresa produza retorno adequado para os acionistas, os administradores e os empregados, que representam a empresa perante terceiros, interagem com esses agentes externos para obter o efeito desejado em suas transações.

---

1 HOJI, Masakazu. *Administração financeira e orçamentária*: matemática financeira aplicada, estratégias financeiras, orçamento empresarial. 12. ed. São Paulo: Atlas, 2017.

Figura 1.2 A empresa como um sistema aberto

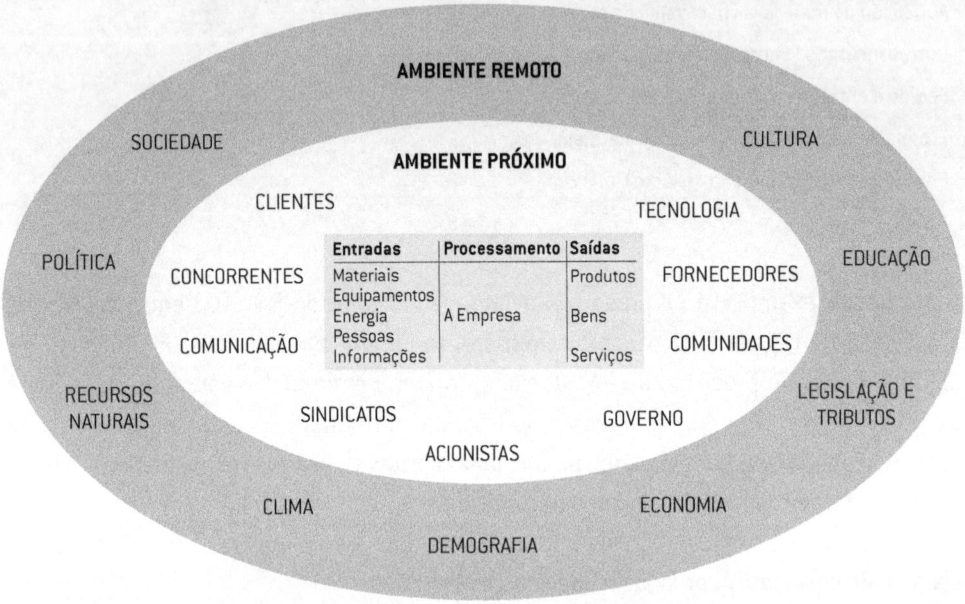

Fonte: PADOVEZE, Clóvis Luiz. *Controladoria estratégica e operacional*: conceitos, estrutura, aplicação. 3. ed. São Paulo: Cengage Learning, 2012. p. 13.

Figura 1.3 Visão da empresa como sistema de geração de lucro

Fonte: HOJI, 2017, p. 4.

1.1.2 Principais funções nas empresas

Para que uma empresa funcione regularmente como uma organização, é preciso atribuir funções dentro do "sistema empresa". Algumas funções são bastante específicas e especializadas e são executadas por pessoas com formação acadêmica e profissional e com perfil adequado à sua função. Por exemplo, a atividade comercial exige um perfil específico bastante diferente do perfil de profissionais de controladoria (um vendedor deve ser mais extrovertido do que um contador, por exemplo).

A Figura 1.4 destaca as principais funções em uma empresa.

Figura 1.4 Principais funções nas empresas

Fonte: elaborada pelo autor.

Dependendo do porte e das necessidades específicas de cada empresa, algumas das funções apresentadas podem ser executadas por uma só pessoa, ou outras funções podem ser adicionadas ao conjunto. Por exemplo, as funções de marketing e comercial podem ser realizadas por um mesmo executivo. O mesmo poderia ocorrer com as funções de finanças e controladoria, bem como as funções de administração e desenvolvimento de pessoas.

Por outro lado, em uma empresa de grande porte, as funções apresentadas podem ser compostas por diversas subfunções. Como exemplo, a função de produção pode se decompor em subfunções como: planejamento e controle da produção [PCP], compras, desenvolvimento de fornecedores, tecnologia e processos, desenvolvimento e pesquisa de produtos etc.

Segundo Oliveira,[2] "funções das empresas são as atividades homogêneas ou multidisciplinares inerentes a uma área de conhecimento da empresa, para as quais existem instrumentos administrativos consagrados pela administração".

A seguir, apresentamos uma breve descrição das principais funções empresariais.

1.1.2.1 Administração

A função de administração é bastante ampla em uma organização. É, ao mesmo tempo, uma ciência e uma arte, visto que emprega um conjunto de conceitos, metodologias e técnicas administrativas de forma sistematizada [ciência], porém gerando resultados diferentes, dependendo de como esse conjunto é aplicado pelos administradores [arte].

Exemplo: dois administradores empregam o mesmo sistema, com os mesmos dados e informações, porém, aquele que usar melhor seu conhecimento técnico e sua experiência sobre o mercado em que atua, obterá resultados melhores que o outro.

1.1.2.2 Desenvolvimento de pessoas

Esta é a função que cuida da carreira dos colaboradores, criando ambientes em que se sintam motivados e busquem resultados que culminem com os objetivos comuns da empresa.

Profissionais dessa área precisam estar capacitados para atender às demandas internas e avaliar como o perfil profissional de cada candidato torna-o apropriado a determinadas atividades.

Por exemplo, um profissional que apresente bastante habilidade em comunicação talvez não deseje fazer controles financeiros. A função desenvolvimento de pessoas antecipa-se a possíveis conflitos internos, evitando alocar pessoas em atividades incompatíveis com seus perfis.

1.1.2.3 Finanças

Finanças é a função que administra recursos econômicos e financeiros, de forma que os resultados obtidos maximizem o valor de mercado da empresa e contribuam para a remuneração adequada dos proprietários [acionistas ou sócios]. Maximizando o valor

---

[2] OLIVEIRA, Djalma de Pinho Rebouças de. *História da administração*: como entender as origens, as aplicações e as evoluções da administração. São Paulo: Atlas, 2012. p. 26.

de mercado da empresa, esta passa a valer mais, e o patrimônio de seus proprietários aumenta.

Exemplo: comercializar produtos com novas tecnologias é mais arriscado do que produtos conhecidos pelos consumidores. Portanto, o seu retorno deve ser maior.

1.1.2.4 Controladoria

A controladoria tem a função de fazer a gestão de dados e informações por meio do sistema de informações contábeis e extracontábeis. Coleta e analisa os dados, transformando-os em informações úteis aos gestores para que estes consigam exercer com eficiência e eficácia as suas funções.

Uma das ferramentas administrativas de controladoria é o orçamento empresarial.

Controller é o profissional responsável pela controladoria. Ele precisa ter bom relacionamento na empresa horizontal e verticalmente em todos os níveis hierárquicos. Isso porque o *controller* trabalha com informações, e, caso não mantenha bom relacionamento com determinadas pessoas, estas podem sonegar-lhe informações ou dificultar seu acesso a elas.

Exemplo: ao conhecer o que ocorre em todas as áreas da empresa (o orçamento empresarial pode ser uma das ferramentas utilizadas), a função de controladoria tem condições de ajudar outras áreas a obter resultados melhores para atingir os objetivos financeiros comuns.

1.1.2.5 Produção

A função de produção, como o próprio nome diz, em uma empresa industrial ou de serviços, é gerar produtos ou serviços. Faz a gestão da transformação de insumos (matérias-primas, materiais auxiliares, energia, maquinários, mão de obra, conhecimentos técnicos etc.) em produto final.

Exemplo: uma máquina, por mais sofisticada e automatizada que seja, não consegue produzir um bom produto se não houver a combinação adequada dos insumos. A função de produção tem o papel de integrar os recursos de forma que estes se transformem em um produto que atenda às necessidades dos clientes.

1.1.2.6 Comercial

A função comercial, atuando em estrita linha com a área de marketing, incorpora um conjunto de atividades que faz o produto ou serviço chegar ao cliente no prazo, com a qualidade esperada e preço adequado.

Exemplo: entregar ao cliente um produto que gera muita reclamação vai, pouco a pouco, consumindo recursos para tentar resolver o problema, inclusive prejudicando a imagem corporativa. O equilíbrio entre prazo, qualidade e preço pode ser administrado eficazmente pela função comercial.

1.1.2.7 Marketing

Marketing é a função que analisa, planeja, cria e implementa estratégias com a finalidade de atender às necessidades e expectativas do mercado em que atua, contribuindo para os objetivos empresariais.

Exemplo: a reciclagem de papéis e plásticos contribui para consumir menos os recursos escassos na natureza, como as árvores e o petróleo. Se a empresa faz tudo isso e os consumidores clientes tomam conhecimento por meio de campanha de marketing, a probabilidade de aumentar as vendas é maior, contribuindo para atingir os objetivos da empresa.

1.2 Planejamento de resultados

O planejamento de resultados consiste em estabelecer com antecedência as ações a executar com base em cenários e premissas definidas, estimando os recursos a utilizar e atribuindo as responsabilidades, com a finalidade de atingir os lucros planejados.

Um planejamento empresarial pode ser feito em três níveis:

- estratégico;
- tático;
- operacional.

1.2.1 Planejamento estratégico

O planejamento estratégico tem alcance temporal de longo prazo e é de responsabilidade dos níveis mais altos da administração, que procuram se antecipar a fatores externos e internos à empresa, geralmente relacionados às linhas de produtos ou aos mercados.[3]

Pelas características intrínsecas do planejamento estratégico, os planos elaborados neste nível exigem longo tempo de maturação, geralmente superior a três anos (apenas uma estimativa, podendo o prazo ser ainda mais extenso), e apresentam graus de risco

---

[3] HOJI, 2017.

expressivos. Envolvem grande soma de recursos e, após tomadas as decisões de implementação, são de difícil reversibilidade.

Exemplo: compra de uma empresa e lançamento de novos produtos.

1.2.2 Planejamento tático

Enquanto o planejamento estratégico se refere a toda a empresa, o planejamento tático tem abrangência mais limitada, restrita a uma área da empresa e por um prazo menor (médio prazo: de um a três anos).

É neste nível que o plano estratégico começa a se realizar, pois aqui os diretores e gerentes fazem o planejamento de ações direcionadas.

Exemplo: ações de marketing para revigorar as linhas de produtos tradicionais.

1.2.3 Planejamento operacional

É neste nível que o plano estratégico e o plano tático começam a se transformar em realidade, por meio de ações executadas no dia a dia da empresa.

Neste nível de planejamento, os recursos da empresa são maximizados e aplicados em atividades de operações. Geralmente, o plano operacional é de curto prazo e abrange um período de 3 a 12 meses.[4] Envolve decisões mais descentralizadas, mais repetitivas e, portanto, de reversibilidade mais fácil. O orçamento empresarial, nosso objeto de interesse neste livro, enquadra-se no processo de planejamento operacional.

1.3 Orçamento empresarial

Orçamento empresarial é o orçamento utilizado por empresas com finalidades lucrativas. Entidades sem fins lucrativos também elaboram o orçamento de atividades sociais, e as instituições públicas elaboram o orçamento público.

Afinal, o que é orçamento? Pedimos orçamento para serviços de manutenção de automóveis e de computadores, serviços de pintura, compra de móveis, eletrodomésticos etc. Todo mundo já ouviu falar em orçamento em algum momento de sua vida e por diversas vezes. Portanto, qual é a finalidade do orçamento? Saber com antecedência qual vai ser o valor da mercadoria ou serviço e quando vai ser entregue. Simples, não? Com base nos exemplos mencionados, pode-se afirmar que orçamento é um documento formal em

---

[4] O planejamento operacional pode ser feito para um prazo de até três anos (planejamento de médio prazo) ou até cinco anos (planejamento de longo prazo).

que as partes manifestam concordância em pagar e receber, dentro de um prazo estabelecido, determinado valor mediante a entrega, também dentro de um prazo determinado, de certos produtos ou serviços.

O **orçamento empresarial** tem finalidade semelhante: saber com antecedência o rumo que a empresa vai trilhar para obter o resultado desejado. E, para obter isso, as atividades planejadas devem ser executadas de acordo com o plano orçamentário.

Além de prever e controlar, o plano orçamentário pode ter outros objetivos para a empresa, segundo Padoveze, que são sumarizados a seguir.[5]

- **Sistema de autorização:** o orçamento aprovado libera os recursos para os setores, minimizando o processo de controle.
- **Meio para projeções e planejamento:** o conjunto das peças orçamentárias será utilizado para o processo de projeções e o planejamento operacional.
- **Canal de comunicação e coordenação:** o cenário aprovado e as peças orçamentárias são instrumentos para comunicar e coordenar os objetivos corporativos e setoriais.
- **Instrumento de motivação:** o orçamento aprovado é um sistema de autorização que concede certa liberdade de atuação aos gestores operacionais, motivando-os.
- **Instrumento de avaliação e controle:** os gestores procuram executar as metas contidas nos orçamentos específicos sob sua responsabilidade, o que permite controlar objetivos setoriais e corporativos.
- **Fonte de informação para tomada de decisão:** por conter os dados planejados, é uma ferramenta essencial para decisões diárias e repetitivas sob responsabilidade direta dos gestores operacionais.

1.3.1 Fases do planejamento e controle orçamentário

Planejar é olhar para o futuro, e deve-se executar ações segundo o plano estabelecido para que o resultado desejado possa ser obtido. E a execução deve ser controlada para que ajustes necessários sejam implementados.

Segundo Figueiredo e Caggiano[6] e Hoji,[7] a função de **controle** é a coordenação de meios e recursos para atingir os objetivos ou metas, monitorando as ações que foram planejadas. Está intimamente ligado à função de planejamento, pois é um sistema de *feedback* de informações que possibilita comparar o desempenho aos objetivos planejados, e é essencial para realizar o planejamento de longo e curto prazo.

---

5 PADOVEZE, 2012, p. 199.

6 FIGUEIREDO, Sandra; CAGGIANO, Paulo Cesar. *Controladoria*: teoria e prática. 5. ed. São Paulo: Atlas, 2017.

7 HOJI, 2017.

O consumo eficiente e eficaz de recursos nas empresas requer um processo flexível e dinâmico de planejamento e controle de operações, auxiliado por um adequado sistema de informações.[8] Sistema de informações é um conjunto de recursos humanos, materiais, tecnológicos e financeiros agregados para o processamento de dados, transformando estes em informações por meio de análises adequadas.[9]

A Figura 1.5 ilustra graficamente o processo de planejamento, execução e controle.

Figura 1.5 Processo de planejamento, execução e controle

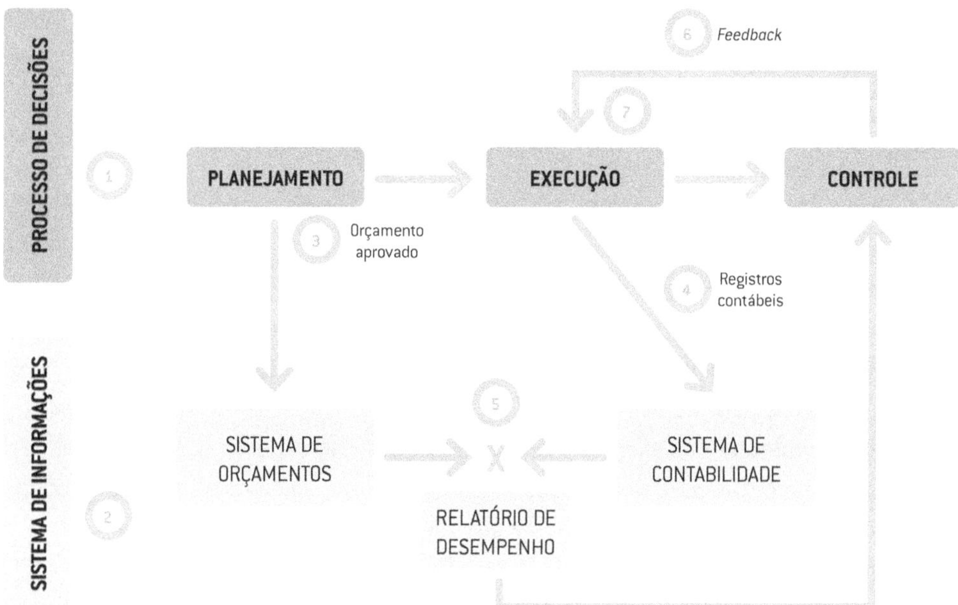

Fonte: elaborada pelo autor.

A sequência da Figura 1.5 é explicada a seguir. Acompanhe as explicações na numeração da figura.

1. Existem três fases no processo de tomada de decisões: planejamento, execução e controle.
2. O sistema de informações é composto por: sistema de orçamentos e sistema de contabilidade.

---

[8] NAKAGAWA, Masayuki. *Introdução à controladoria*: conceitos, sistemas, implementação. São Paulo: Atlas, 1993.

[9] PADOVEZE, 2012.

3. O orçamento aprovado é registrado no sistema de orçamentos, e as atividades do dia a dia são executadas com base nos valores planejados.
4. A execução das atividades empresariais gera registros contábeis.
5. O sistema de contabilidade compara os dados contábeis efetivos com os dados registrados no sistema de orçamentos, emitindo relatórios de desempenho.
6. Análises pertinentes são realizadas pelas áreas responsáveis e os gestores recebem *feedback*.[10]
7. Caso necessário, ajustes são implementados na execução do plano orçamentário, realimentando o processo.

1.3.2 Contabilidade do período futuro

O sistema orçamentário deve ser auxiliado por um sistema de contabilidade, pois o orçamento é um documento que pretende recriar antecipadamente as atividades empresariais que serão executadas na empresa.

O orçamento abrange as atividades operacionais (receitas, custos e despesas), de investimentos e de financiamentos. Todas essas atividades são contabilizadas e refletidas nas demonstrações financeiras: demonstração de resultado, demonstração de fluxo de caixa e balanço patrimonial.

As peças orçamentárias são estruturadas de forma a acompanhar o fluxo de dados e de informações contábeis. Desse modo, o orçamento torna-se comparável com os dados efetivos gerados pelo sistema contábil. Podemos afirmar, então, que o orçamento é a contabilidade do futuro.

O leitor poderá verificar a evolução dos quadros orçamentários em paralelo aos fluxos de dados contábeis no exemplo prático apresentado ao longo dos **Capítulos 3** a **7**.

1.4 Benefícios e limitações do orçamento

Como todo sistema de controle gerencial, o sistema orçamentário apresenta benefícios e limitações.[11]

---

[10] *Feedback* é a "resposta, à fonte emissora, sobre o resultado de uma ação, mensagem, trabalho etc., o que realimenta o processo". Extraído de: DICIONÁRIO AULETE DIGITAL. Disponível em: <http://www.aulete.com.br>. Acesso em: 6 fev. 2017.

[11] HOJI, 2017; LUNKES, Rogério João. *Manual de orçamento*. 2. ed. São Paulo: Atlas, 2007; PADOVEZE, 2012.

1.4.1 Benefícios

Embora alguns benefícios proporcionados pelo uso do orçamento já estejam embutidos nos objetivos empresariais, podem ser incorporados nos seguintes exemplos.

- **Fixação de objetivos e políticas para unidades de responsabilidade:** introduz os gestores ao hábito de exame prévio e minucioso dos objetivos, diretrizes e políticas sob suas responsabilidades na tomada de decisões importantes.
- **Decisões mais acertadas:** com base em resultados econômicos e financeiros projetados com critérios e premissas adequadas, importantes decisões financeiras são tomadas com maior grau de acerto.
- **Maior participação dos gestores:** aumenta o grau de participação dos gestores na fixação de objetivos e metas, forçando a comunicação vertical e horizontal.
- **Cria padrões de desempenho:** objetivos e metas específicas, dentro de padrões de desempenho comprovados (*benchmarks*), facilitam a visualização de quanto e quando eles serão atingidos.
- **Autoridades e responsabilidades:** metas e objetivos definidos facilitam a delegação de poderes e a atribuição de responsabilidades.
- **Melhoria do desempenho:** a visão sistêmica das operações ajuda a identificar os pontos de eficiência, eficácia ou ineficiência, melhorando o desempenho das unidades.
- **Recursos bem geridos:** os gestores tendem a melhorar a utilização dos recursos, bem como ajustá-los às atividades prioritárias.
- **Controles objetivos:** os controles gerenciais tornam-se mais objetivos e auxiliam a atingir as metas.
- **Motivação:** motiva os colaboradores em todos os níveis da organização, e as metas podem servir de base para a remuneração variável.

1.4.2 Limitações

O sistema orçamentário pode apresentar também limitações em função da cultura orçamentária. Os seguintes exemplos podem ser listados:

- **Variações orçamentárias:** os orçamentos baseiam-se em estimativas, sujeitos a graus de variação maiores ou menores, dependendo da acurácia e sofisticação do processo de planejamento.
- **Inflexibilidade:** se o sistema de orçamento não permite revisões e alterações no decorrer do período, pode provocar significativas distorções.

- **Ajustes demorados:** se os ajustes não forem implementados com relativa rapidez, produz-se muita discrepância entre os resultados efetivos e os projetados, o que desmotiva os colaboradores.
- **Monitoramento constante:** o plano de resultados, por si só, não garante o resultado projetado, devendo ser continuamente monitorado e adaptado às circunstâncias.
- **Custo de implantação e manutenção:** nem todas as empresas podem implementar o sistema orçamentário, pois isso demanda recursos específicos e profissionais qualificados.
- **Redução do tempo para atividades do cotidiano:** a elaboração e a execução do orçamento consomem tempo que poderia ser dedicado a atividades do cotidiano.
- **Disputa de recursos:** os gestores disputam os recursos, que ficam sujeitos ao poder de decisão.
- **Atitudes antiéticas:** surgem ações e reações indesejadas, podendo levar os colaboradores a atitudes antiéticas para cumprir as metas.

? Questões

1. Por que, em uma organização, as funções são segregadas?
2. Conceitue planejamento estratégico.
3. Explique a diferença entre o planejamento tático e o planejamento estratégico.
4. O orçamento empresarial enquadra-se em qual nível de planejamento: estratégico, tático ou operacional?
5. Por que o orçamento empresarial pode ser chamado de "contabilidade do futuro"?
6. Qual a finalidade do orçamento empresarial?
7. Dê quatro exemplos de benefícios do orçamento.
8. Cite três exemplos de limitações do orçamento.

CAPÍTULO 2

Conceitos e tipos de orçamentos

Visão geral

Existem diversos tipos de orçamento empresarial. O modelo que vamos desenvolver neste livro, nos **Capítulos 3** a **7**, baseia-se em orçamento do tipo estático, que é tradicionalmente utilizado na maioria das empresas. Mas nada impede que determinadas áreas da empresa utilizem em conjunto outros tipos de orçamento, parcial ou integralmente.

Neste capítulo, faremos uma breve descrição dos diversos tipos de orçamento empresarial existentes.

2.1 Orçamento estático

O orçamento estático é o tipo de orçamento mais utilizado pelas empresas, principalmente pelas corporações multinacionais. Uma vez elaborado, o orçamento não pode mais ser alterado. Dessa forma, todas as variações entre o valor orçado e o real devem ser justificadas pelos gestores.

A inflexibilidade dos dados contidos nas peças orçamentárias é o aspecto mais polêmico do orçamento estático; porém, essa condição é necessária nas grandes corporações, pois elas consolidam as peças orçamentárias geradas por diversas unidades em um único orçamento.

Por exemplo, suponha que o planejamento seja feito para um volume de 5 mil unidades de um determinado produto que a empresa fabrica. Mesmo que o nível efetivo de vendas se reduza para 4.500 unidades ou aumente para 5.500 unidades, a comparação do valor efetivo seria feita sempre em relação às 5 mil unidades originalmente orçadas, conforme pode ser observado na Tabela 2.1, extraída de Hoji e Silva.[1]

Tabela 2.1 Exemplo de orçamento estático

Quantidade	Real 5.500	Orçado 5.000	Variação 500
Vendas	**110.000**	**100.000**	**10.000**
Materiais e componentes	82.500	75.000	7.500
Outros custos e despesas variáveis	6.600	6.000	600
Soma de custos e despesas variáveis	**89.100**	**81.000**	**8.100**
Margem de contribuição	**20.900**	**19.000**	**1.900**
Custos fixos	16.000	15.000	1.000
Despesas comerciais e administrativas	1.500	2.000	(500)
Total de custos e despesas fixos	**17.500**	**17.000**	**500**
Resultado operacional	**3.400**	**2.000**	**1.400**

Fonte: HOJI; SILVA, 2010.

O controle pelo orçamento estático é feito apurando a variação ocorrida entre o valor efetivamente realizado e o orçado, em cada item da peça orçamentária. Quando ocorrem alterações significativas no cenário projetado, podem ser elaboradas versões revisadas do orçamento, mas mantendo fixo o orçamento original.

---

[1] HOJI, Masakazu; SILVA, Hélio Alves da. *Planejamento e controle financeiro*: fundamentos e casos práticos de orçamento empresarial. São Paulo: Atlas, 2010.

2.2 Orçamento flexível

O orçamento flexível, ou orçamento variável, é um tipo de orçamento em que são feitas projeções com diversos níveis de atividade.

Segundo o conceito do orçamento flexível, os valores realizados podem se enquadrar em qualquer nível de atividade orçado. Por exemplo, se fossem orçados os níveis de atividade com quantidades de 5 mil e 5.500 unidades do exemplo apresentado no orçamento estático, estes seriam as múltiplas alternativas possíveis que formariam o orçamento flexível.

O orçamento flexível dificulta a continuidade do processo orçamentário, pois contraria o fundamento do orçamento, que é antecipar o que vai acontecer. Segundo Padoveze,[2] neste tipo de orçamento, "é feito apenas o orçamento dos dados unitários, e as quantidades a serem assumidas seriam as que realmente acontecem". Neste tipo de orçamento, existem "diversas metas", com diferentes quantidades ou níveis de atividade esperados. Assim, se os valores efetivos ocorrerem dentro de qualquer nível de atividade projetado, o objetivo orçamentário terá sido atingido.

2.3 Orçamento contínuo ou *rolling budget*

Geralmente, um orçamento é elaborado para o período de um semestre ou um ano, com revisões semestrais ou em prazo menor.

Algumas empresas do ramo de tecnologia avançada estão sujeitas a rápidas evoluções tecnológicas e seus produtos possuem ciclo de vida muito curto. Outro tipo de indústria em que o ciclo de vida do produto é curto é a de vestuário feminino, prejudicando significativamente qualquer planejamento orçamentário com períodos superiores a seis meses. Em função das dificuldades de previsão, os orçamentos elaborados por períodos longos podem conter imprecisões bastante significativas.[3]

Para empresas com características como as mencionadas, o orçamento contínuo cobrindo períodos de três a seis meses pode ser uma alternativa mais viável.

O orçamento contínuo é diferente dos orçamentos com períodos definidos, pois os períodos do orçamento são móveis. Ou seja, a cada mês encerrado, um novo período é considerado, com a exclusão do mês encerrado e acréscimo de um novo mês ao final do período orçamentário. Veja o exemplo na Figura 2.1.

---

2 PADOVEZE, Clóvis Luiz. *Controladoria estratégica e operacional*: conceitos, estrutura, aplicação. 3. ed. São Paulo: Cengage Learning, 2012.

3 HOJI; SILVA, 2010; PASSARELLI, João; BOMFIM, Eunir de Amorim. *Orçamento empresarial*: como elaborar e analisar. São Paulo: IOB-Thomson, 2004.

Figura 2.1 Orçamento contínuo

Fonte: HOJI; SILVA, 2010, p. 31.

Esse procedimento faz com que modificações significativas, não previsíveis há um mês, possam ser refletidas no orçamento seguinte. Porém, essa flexibilidade, que é uma vantagem do orçamento contínuo, pode dificultar a função de controle, por ser mais complexa e trabalhosa.

2.4 Orçamento de tendências

A elaboração do orçamento de um período, geralmente, toma como base os dados históricos de períodos passados. O orçamento de tendências é um método que funciona relativamente bem, desde que os cenários econômicos não sofram mudanças significativas.

Existem diversos *softwares* de orçamento que contêm uma função que busca valores históricos e, após a atualização segundo algum critério, fazem automaticamente os cálculos necessários, gerando o valor para o orçamento de determinada receita ou despesa.[4]

Hoji e Silva[5] alertam para o uso do orçamento de tendências, pois existem cuidados a tomar quando se projeta o futuro com base em dados históricos. Por exemplo, eventos do período passado que não ocorrerão no novo período orçamentário devem ser excluídos. Da mesma forma, eventos não ocorridos no período passado que poderão ocorrer devem ser considerados no novo período orçamentário.

---

4 PADOVEZE, 2012.

5 HOJI; SILVA, 2010.

2.5 Orçamento base zero

O orçamento base zero (OBZ), conhecido também como *zero-base budgeting*, emprega um conceito inovador, pois desconsidera os dados do passado. Seu princípio determina que dados históricos não podem ser utilizados na elaboração do orçamento para não repetir erros ou incorporar ineficiências que possam ter existido no passado.

No OBZ, as peças orçamentárias são elaboradas a partir do zero, sem considerar os dados históricos, como se a empresa tivesse sido iniciada naquele momento. Assim, seria possível avaliar as atividades de todas as áreas da empresa e encontrar possíveis pontos de redução de custos.[6]

Cada atividade da empresa é discutida por gestores para analisar a necessidade de sua existência. Caso seja constatado que há necessidade, é feito um estudo para avaliar o gasto com sua manutenção, definindo suas metas e objetivos. Por essas características, o conceito de orçamento base zero aproxima-se do conceito de custo-padrão ideal.

O OBZ pode apresentar benefícios significativos, porém, seus controles são mais burocráticos e volumosos, consumindo mais tempo e recursos em relação a outros tipos de orçamento. Porém, o seu conceito tem como objetivo a melhoria contínua.[7]

2.6 Orçamento baseado em atividades

De acordo com Vanzella e Lunkes,[8] o orçamento baseado em atividades, ou *activity-based budgeting* (ABB), é um plano quantitativo e financeiro que direciona a empresa para atingir seus objetivos estratégicos, concentrando atividades e recursos. O ABB envolve os gestores e colaboradores, guiando a empresa por meio de metas essenciais relacionadas com receita, custo, qualidade, tempo e inovação.

O ABB analisa os produtos ou serviços e as atividades necessárias à sua produção. Baseia-se no conceito do método de "custeio baseado em atividades", ou *activity-based costing* (ABC), que atribui custos a atividades por meio de direcionadores e, em seguida, aos produtos e serviços, considerando sempre a relação de causa e efeito. Utilizando esse método, é possível até relacionar as despesas administrativas e comerciais com os produtos e serviços, segundo Hoji e Silva.[9]

---

6 LUNKES, Rogério João. *Manual de orçamento*. 2. ed. São Paulo: Atlas, 2007; PADOVEZE, 2012.

7 PADOVEZE, 2012.

8 VANZELLA, Claíde; LUNKES, Rogério João. Orçamento baseado em atividades: um estudo de caso em empresa distribuidora de energia elétrica. *Contabilidade Vista e Revista*, v. 17, n. 1, jan.-mar. 2006.

9 HOJI; SILVA, 2010.

2.7 *Beyond budgeting*

Segundo Frezzatti,[10] *beyond budgeting* caracteriza-se por ser um processo de gestão flexível, que não utiliza um orçamento anual de resultados. O conceito surgiu no banco escandinavo Svenska Handelsbanken, que aplicou essa abordagem orçamentária em seus negócios a partir do início da década de 1970, com resultados positivos, apesar de não superiores à concorrência.

A seguir, os fatores que compõem essa abordagem, segundo Frezzatti:[11]

- As metas são definidas com base em *benchmark* externo à organização, em uma perspectiva de médio prazo. Não existem metas fixas, mas, sim, variáveis, decorrentes do momento vivenciado pelos gestores.
- A motivação e a premiação são baseadas em metas externas que serão avaliadas posteriormente, com base naquilo que deveria ter sido feito. Evitam a ocorrência de ações dos executivos para atingir metas fixas a todo o custo, abrindo mão de princípios éticos.
- O processo estratégico assume uma abordagem contínua, descentralizada e local, e é incentivado pelo nível de ambição e pela busca por respostas rápidas.
- Os recursos são utilizados quando efetivamente demandados, o que reduz perdas, desperdícios e gastos dispensáveis, eliminando o uso desnecessário de verba fixada.
- A coordenação deve encorajar a cooperação e a excelência dos serviços.
- As informações devem circular rapidamente, para facilitar a aprendizagem e incentivar o comportamento ético.

? Questões

1. Diferencie o orçamento estático do orçamento flexível.
2. Qual a principal característica do orçamento contínuo?
3. Qual é o tipo de orçamento que desconsidera totalmente os dados históricos para sua elaboração?
4. Qual é o tipo de orçamento que consegue relacionar despesas administrativas a produtos e serviços?
5. Cite quatro características do *beyond budgeting*.

---

[10] FREZZATTI, Fábio. *Orçamento empresarial*: planejamento e controle gerencial. 5. ed. São Paulo: Atlas, 2009.

[11] FREZZATTI, 2009.

CAPÍTULO 3

Planejamento orçamentário

Visão geral

O orçamento geral retrata a estratégia da empresa e evidencia, por meio de um conjunto de orçamentos específicos subdivididos em quadros auxiliares (quadros orçamentários), as ações e políticas da empresa em determinado período.[1]

O orçamento geral é composto por diversos orçamentos específicos que atendem às necessidades de planejamento de uma organização. Podemos agrupar da seguinte forma os orçamentos específicos que compõem o exemplo prático que será desenvolvido neste livro, nos **Capítulos 3** a **7**:

- orçamento de operações:
  - orçamento de vendas;
  - orçamento de produção;
  - orçamento de compras e faturamentos;
  - orçamento de despesas.
- orçamento de investimentos;
- orçamento de financiamentos;
- demonstrações financeiras projetadas:
  - demonstração de resultado;
  - demonstração de fluxo de caixa;
  - balanço patrimonial.

---

[1] HOJI, Masakazu. *Administração financeira e orçamentária*: matemática financeira aplicada, estratégias financeiras, orçamento empresarial. 12. ed. São Paulo: Atlas, 2017. p. 418.

O período abrangido por um orçamento empresarial é geralmente de um ano ou um semestre, e as empresas procuram fazer coincidir o período do orçamento (semestral ou anual) com o período de seu exercício social, pois nem todas encerram seu exercício social em dezembro, como é o caso de algumas empresas do setor agropecuário (usina de álcool, criação de gado, plantação de frutas etc.), que levantam o balanço patrimonial no mês em que encerram seu ciclo operacional. Por exemplo, algumas usinas de açúcar e álcool encerram seu exercício social em março.

O orçamento de um exercício social pode sofrer impactos significativos das políticas econômicas e, portanto, precisa sofrer revisões semestrais ou em prazo menor.

A área que coordena a elaboração do orçamento deve planejar as fases desse processo e fornecer-lhe diretrizes, com cronograma definido por área de responsabilidade, pois existem áreas que dependem de outras para elaborar seu orçamento. Por exemplo, a área industrial precisa de dados relativos aos volumes de venda para dimensionar a produção.

O modelo de orçamento empresarial que apresentamos neste livro é baseado em uma empresa industrial e abrange o período de um semestre. Entretanto, o modelo apresentado permite continuar projetando os valores para os meses posteriores.

3.1 Projeção de cenários econômicos

Uma das premissas mais básicas e importantes para elaborar o orçamento empresarial é projetar cenários econômicos, o que inclui fatores como evolução do produto interno bruto (PIB), inflação, aumento salarial, taxa de câmbio e juros.

Outros indicadores, como preços de passagens aéreas e de insumos, podem ser previamente projetados para padronizar os valores-base e facilitar a elaboração de orçamentos por diversas áreas.

3.1.1 Indicadores econômicos e financeiros

Na Tabela 3.1, apresentamos a projeção de variações de preços e de taxas de câmbio para o período orçamentário.

Tabela 3.1 Projeção de variações de preços e câmbio

Mês		Base	1	2	3	4	5	6	Variação acumulada
Inflação geral (IG)	Variação (%)		*0,60%*	*0,60%*	*0,60%*	*0,50%*	*0,50%*	*0,50%*	
	Índice	**1,0000**	**1,0060**	**1,0120**	**1,0181**	**1,0232**	**1,0283**	**1,0334**	**3,34%**
Salário (SL) (*1)	Variação (%)		*0,00%*	*0,00%*	*1,50%*	*0,00%*	*3,00%*	*0,00%*	
	Índice	**1,0000**	**1,0000**	**1,0000**	**1,0150**	**1,0150**	**1,0455**	**1,0455**	**4,55%**
Taxa de câmbio (TC)	Variação (%)		*−1,50%*	*1,00%*	*2,50%*	*0,50%*	*0,50%*	*0,50%*	
	Taxa	**3,2000**	**3,1520**	**3,1835**	**3,2631**	**3,2794**	**3,2958**	**3,3123**	**3,51%**

Nota: (*1) Reajuste salarial em maio, com antecipação em março.
Fonte: elaborada pelo autor.

Projeta-se a variação mensal de preços e taxa de câmbio com base em expectativas de especialistas. Os dados estimados podem ser obtidos em diversas fontes (empresa de consultoria econômica, instituições financeiras, órgãos do governo etc.).

Uma das fontes que podem ser consultadas é o boletim semanal *Focus – Relatório de mercado*, do Banco Central,[2] que condensa as expectativas do mercado.

A elaboração do **número-índice** facilita bastante na hora de realizar cálculos de valores atualizados. O índice acumulado pode ser iniciado com base "1" ou outro número qualquer. Para acumular a variação mês a mês, utiliza-se a seguinte fórmula:[3]

$$N_n = N_{p-1} \times \left(1 + \frac{I_n}{100}\right)$$

Onde: N_n = número-índice atual;

N_{p-1} = número-índice do mês anterior ao do período atual;

I_n = variação do mês (período atual).

---

2 BANCO CENTRAL DO BRASIL. *Focus – Relatório de mercado*. Disponível em: <https://www.bcb.gov.br/pec/GCI/PORT/readout/readout.asp>. Acesso em: 6 fev. 2017.

3 HOJI, Masakazu. *Matemática financeira*: didática, objetiva e prática. São Paulo: Atlas, 2016. p. 9.

Por exemplo, o índice de inflação geral (índice IG) da Tabela 3.1 é calculado como segue:

$$\text{Índice IG do mês 1} = 1{,}0000 \times \left(1 + \frac{0{,}60}{100}\right) = 1{,}0060$$

$$\text{Índice IG do mês 2} = 1{,}0600 \times \left(1 + \frac{0{,}60}{100}\right) = 1{,}0120$$

E assim por diante.

A taxa de câmbio, por sua vez, é calculada como segue:

$$\text{Taxa de câmbio do mês 1} = 3{,}20000 \times \left(1 + \frac{-1{,}50}{100}\right) = 3{,}1520$$

$$\text{Taxa de câmbio do mês 2} = 3{,}1520 \times \left(1 + \frac{1{,}00}{100}\right) = 3{,}1835$$

Observe que a taxa de câmbio do mês 1 apresenta variação negativa. Portanto, ela será menor do que a taxa de câmbio do mês anterior (no caso, a do mês-base).

O cálculo da **variação acumulada (I_p)** de um período, expressa em porcentagem, pode ser feito por meio da seguinte equação:[4]

$$I_p = \left(\frac{N_n}{N_{p-1}} - 1\right) \times 100$$

Por exemplo, a variação do índice IG do mês 4, expressa em porcentagem, da Tabela 3.1, é calculada como segue:

$$\text{Variação do índice IG do mês 4} = \left(\frac{1{,}0232}{1{,}0181} - 1\right) \times 100$$

$$\text{Variação do índice IG do mês 4} = 0{,}005009 \times 100$$

$$\text{Variação do índice IG do mês 4} = 0{,}5\%$$

Para calcular a variação de um período maior, por exemplo, variação acumulada da taxa de câmbio do mês-base até o mês 6, faz-se da mesma forma.

---

[4] HOJI, 2016, p. 10.

$$\text{Variação da taxa de câmbio do mês-base a mês 6} = \left(\frac{3,3123}{3,2000} - 1\right) \times 100$$

$$\text{Variação da taxa de câmbio do mês-base a mês 6} = 0,035094 \times 100$$

$$\text{Variação da taxa de câmbio do mês-base a mês 6} = 3,51\%$$

3.1.2 Taxas de juros

As taxas de juros estão estimadas na Tabela 3.2. Observe que elas estão estimadas em "taxas anuais", que é o usual no mercado.

As taxas de juros, tanto para aplicação financeira como para captação de empréstimos em moeda nacional, podem ser estimadas com base em Taxa Selic. Os empréstimos em moeda estrangeira são contratados em dólar estadunidense (US$), com a taxa de juros indexada nessa moeda.

No nosso exemplo, deixamos fixa a taxa de juros de empréstimos em moeda estrangeira, mas, se o cenário econômico indicar seu aumento ou redução, essa alteração deve ser introduzida nas projeções.

Tabela 3.2 Projeção de taxas de juros

Mês	Base	Premissa	1	2	3	4	5	6
Taxa Selic, em % a.a.			10,0%	9,8%	9,6%	9,4%	9,2%	9,0%
Aplicações financeiras em moeda nacional, em % a.a.	Taxa Selic	85%	8,5%	8,3%	8,2%	8,0%	7,8%	7,7%
Empréstimos em moeda nacional, em % a.a.	Taxa Selic	220%	22,0%	21,6%	21,1%	20,7%	20,2%	19,8%
Empréstimos em moeda estrangeira, em US$ + % a.a.	Taxa de câmbio	5,0%	5,0%	5,0%	5,0%	5,0%	5,0%	5,0%

Fonte: elaborada pelo autor.

3.1.3 Percentuais de encargos sociais e provisões

A Tabela 3.3 mostra os percentuais médios que serão aplicados sobre o valor efetivo dos salários.

O salário de contribuição previdenciária ao Instituto Nacional do Seguro Social (INSS), por empregado, é limitado a dez salários de contribuição, muitas vezes abaixo de seu salário nominal ou efetivo. Esse percentual médio pode ser calculado com base em dados históricos, dividindo as despesas previdenciárias de um período pelas despesas com salários do mesmo período.

No nosso exemplo, estamos utilizando percentuais fixos para encargos sociais e provisões de despesas com pessoal de todas as áreas (industrial, comercial e administrativa), mas, na prática, é recomendável determinar percentuais de encargos sociais segregados por áreas, pois, geralmente, as médias salariais das áreas comercial e administrativa são maiores que as da área industrial, o que implica um percentual menor sobre o valor total de salários em função do teto de contribuição individual para a previdência social. Esses dados podem ser obtidos relacionando as despesas de períodos passados ou acessando os controles da área de recursos humanos.

Tabela 3.3 Percentuais de encargos sociais e provisões

Mês	Base	1	2	3	4	5	6
Contribuição ao INSS	21,0%	21,0%	21,0%	21,0%	21,0%	21,0%	21,0%
Contribuição ao FGTS	8,0%	8,0%	8,0%	8,0%	8,0%	8,0%	8,0%
Percentual de encargos sociais	**29,0%**	**29,0%**	**29,0%**	**29,0%**	**29,0%**	**29,0%**	**29,0%**
Percentual de provisões (Férias, 13º salário, Rescisões)	40,0%	40,0%	40,0%	40,0%	40,0%	40,0%	40,0%
Percentual de encargos sociais e provisões	**69,0%**	**69,0%**	**69,0%**	**69,0%**	**69,0%**	**69,0%**	**69,0%**

Nota: os percentuais são aplicados sobre os salários efetivos.
Fonte: elaborada pelo autor.

3.2 Projeção de balanço patrimonial inicial

O orçamento do semestre ou ano seguinte é elaborado com antecedência de alguns meses. Se o primeiro mês do orçamento é janeiro do ano seguinte, o processo de elaboração do orçamento ocorre geralmente entre setembro e novembro do ano anterior. Mesmo que a finalização do processo orçamentário ocorra em dezembro, ainda não estaria disponível o balanço patrimonial desse ano. Portanto, é necessário projetar um balanço patrimonial inicial para o período do orçamento.

Evidentemente, esse balanço patrimonial projetado pode ser revisado e atualizado quando houver um balanço definitivo.

Para desenvolver o nosso exemplo prático, utilizaremos o balanço patrimonial inicial apresentado no Quadro 3.1.

Quadro 3.1 Balanço patrimonial inicial (projetado)

ATIVO	
Ativo circulante	
Caixa e Bancos	2.000
Títulos e valores mobiliários	13.000
Clientes	310.000
Estoques	60.000
Total	**385.000**
Imobilizado	
Terrenos	20.000
Máquinas e equipamentos	145.000
(–) Depreciações acumuladas	(50.000)
Total	**115.000**
TOTAL DO ATIVO	**500.000**
PASSIVO E PATRIMÔNIO LÍQUIDO	
Passivo circulante	
Fornecedores nacionais	140.000
Fornecedores estrangeiros	12.000
Contas a pagar	10.000
Empréstimos locais	25.000
Empréstimos externos	30.000
Tributos a recolher – ICMS, IPI, PIS e Cofins	58.000
Tributos a recolher – IR e CSLL	8.000
Salários e encargos sociais	32.000
Total	**315.000**
Patrimônio líquido	
Capital social	180.000
Lucros acumulados	5.000
Total	**185.000**
TOTAL DO PASSIVO E PATRIMÔNIO LÍQUIDO	**500.000**

Informações adicionais:

- **títulos e valores mobiliários:** as aplicações financeiras montam em R$ 12.950 e juros de R$ 50, no total de R$ 13.000;
- **estoques:** são compostos de 4.000 unidades do produto, no valor total de R$ 60.000;
- **fornecedores estrangeiros:** a empresa deve US$ 3.750, equivalentes a R$ 12.000 (taxa de câmbio = R$ 3,20);
- **empréstimos locais:** a dívida em moeda nacional é representada pelo principal de R$ 24.500 e juros de R$ 500, totalizando R$ 25.000;
- **empréstimos externos:** a empresa deve o principal de US$ 9.300 e juros de US$ 75, no valor total de US$ 9.375, equivalentes a R$ 30.000 (taxa de câmbio = R$ 3,20).

Fonte: elaborado pelo autor.

3.3 Dados-base, premissas e sequência de cálculos

Dados-base e premissas são elementos importantes na projeção de valores futuros.

3.3.1 Dados-base

Para fazer projeções, utilizam-se dados históricos, os mais consistentes possíveis e adequados ao período projetado. Esses dados podem ser extraídos dos registros contábeis e de outras ferramentas de planejamento e controle financeiro da própria organização.

Podem ser utilizados também dados estatísticos de mercado, providos por associações de classe ou por órgãos como o Banco Central e o Instituto Brasileiro de Geografia e Estatística (IBGE).

Por exemplo: os valores de estadia em viagens nacionais e internacionais podem ser fixados com o valor da data-base. Esses valores servirão de base para calcular despesas de viagens.

3.3.2 Premissas e cenários econômicos

Os gestores que participam do processo orçamentário devem conhecer muito bem as atividades por eles executadas na organização e o mercado em que atuam, pois é com base nesses conhecimentos que serão definidas as premissas que servirão de base para as projeções.

Os dados estatísticos e as informações obtidas junto a órgãos públicos e associações de classe são importantes indicadores, mas não refletem, necessariamente, as condições específicas de determinados clientes ou fornecedores importantes para a empresa. Os profissionais da empresa que mantêm contato com esses agentes externos possuem sensibilidade para prever seus comportamentos.

Por exemplo: a direção da empresa pode determinar que o próximo período orçamentário será de instabilidade econômica e política, o que exige cautela nos investimentos e gastos de diversas naturezas.

3.3.3 Sequência de cálculos

Construído o cenário econômico e estabelecidas as premissas, o que foi feito neste capítulo, o passo seguinte é partir para a elaboração do orçamento da empresa.

Para fins didáticos, o exemplo prático de orçamento que é desenvolvido nos **Capítulos 4** a **7** foi estruturado por orçamentos específicos e seus respectivos quadros orçamentários da seguinte forma:

Capítulo 4 – Orçamento de operações
  Seção 4.1 – Orçamento de vendas
  Seção 4.2 – Orçamento de produção
  Seção 4.3 – Orçamento de compras e faturamentos
  Seção 4.4 – Orçamento de despesas
Capítulo 5 – Orçamento de investimentos
Capítulo 6 – Orçamento de financiamentos
Capítulo 7 – Demonstrações financeiras projetadas
  Seção 7.1 – Demonstração de resultado
  Seção 7.2 – Demonstração de fluxo de caixa
  Seção 7.3 – Balanço patrimonial

Entretanto, a elaboração de alguns quadros orçamentários depende de dados oriundos de outros quadros orçamentários com numeração posterior. Em linhas gerais, a sequência de cálculos pode seguir a numeração dos orçamentos específicos, atentando-se às seguintes exceções:

a. a elaboração do orçamento de investimentos (Quadros 5.1 e 5.2), que fornece o valor de depreciações, deve preceder o orçamento de produção (Quadros 4.2 a 4.6) e orçamento de despesas (Quadros 4.11 a 4.15). Nessa sequência, é possível elaborar todos os orçamentos específicos do período orçamentário (meses 1 a 6), com exceção do orçamento de financiamentos (Quadros 6.1 a 6.4) e demonstrações financeiras.

b. a elaboração da demonstração dos fluxos de caixa (DFC) depende dos valores dos juros que são calculados no orçamento de financiamentos (Quadros 6.1 a 6.4), que, por sua vez, depende do valor do novo empréstimo ou nova aplicação financeira apurado na DFC. Nesse quesito, deve-se apurar completamente a DFC de um mês para apurar a DFC do mês seguinte. Por exemplo, a elaboração da DFC do mês 2 deve ser iniciada somente após a conclusão da DFC do mês 1.

c. alguns cálculos dependem das informações contidas no balanço patrimonial inicial projetado; portanto, antes de iniciar a elaboração dos quadros orçamentários, é necessária a projeção do balanço patrimonial inicial. Por exemplo, o valor dos juros do mês 1 depende do saldo anterior.

3.4 Exercícios práticos de orçamento empresarial

O exemplo prático do orçamento empresarial que vamos apresentar nos **Capítulos 4** a **7** é simplificado, mas bastante completo, com o objetivo de facilitar o aprendizado desta importante ferramenta de gestão empresarial, e abrange um período de seis meses (referenciados como "mês 1" a "mês 6").

Para o leitor poder praticar passo a passo a elaboração de orçamento empresarial, a coluna do **mês 5** nos quadros orçamentários foi deixada em branco para que possa ser completada. Assim, o interessado no aprendizado desta ferramenta de planejamento e controle financeiro terá a oportunidade de elaborar um mês completo de orçamento empresarial. Os cálculos realizados podem ser conferidos com o gabarito apresentado ao final do livro, na seção **Soluções dos exercícios propostos**.

As explicações de como preencher os quadros orçamentários e as fontes de dados estão resumidamente apresentadas na coluna "Observações" e nas "Notas" ao final de cada quadro. Caso o leitor necessite de mais informações, o texto do livro procura dar orientações passo a passo para seu preenchimento.

Para que os números calculados não apresentem diferenças em relação aos resultados apresentados no livro, alguns cuidados devem ser tomados: o arredondamento de valor e a distribuição de valor-base.

3.4.1 Arredondamento de valor

Os dados do orçamento empresarial estão expressos sem os centavos, com exceção de algumas situações que exigem o uso deles ou maior número de casas decimais (por exemplo, custo unitário, taxas de juros, índices econômicos etc.).

Nesse aspecto, devem ser utilizados os seguintes critérios: se o número da casa decimal anterior for 5 ou mais, o número da casa decimal seguinte deve ser arredondado para cima; se for 4 ou menos, o número dessa casa decimal é simplesmente desprezado, não alterando o número da casa decimal seguinte. A seguir, alguns exemplos:

525,54 = 526
525,42 = 525

3.4.2 Distribuição de valor-base

Quando há distribuição de um valor-base, a soma dos valores distribuídos deve ser igual ao valor-base distribuído. Por exemplo, essa diferença ocorreria nos meses 3 e 4 do

Quadro 4.13, pois o valor do item (a), por meio de percentuais aplicados sobre ele, foi distribuído para os itens (b),(c), (d).

Nesses casos, o valor da diferença deve ser aumentado ou diminuído de um dos itens do valor distribuído, para que sua soma seja igual ao valor-base.

? Questões e exercícios[5]

1. Por que é necessário projetar o balanço patrimonial inicial?

2. Por que não é possível elaborar a demonstração dos fluxos de caixa de um mês sem ter terminado a do mês anterior?

3. O *controller* está elaborando a tabela de índice de preço para o próximo trimestre. Estimam-se as variações mensais de 2,5%; –1,8%; 1,5%, nessa sequência. Ajude o *controller* a elaborar o índice de preço iniciando com a base 100, utilizando quatro casas decimais.

4. Para o próximo período, são projetadas as seguintes taxas de câmbio: R$ 3,50; R$ 3,35; R$ 3,45; R$ 3,70, respectivamente para os meses 1, 2, 3 e 4. A taxa de câmbio atual é de R$ 3,60. Calcule as variações mensais expressando-as na forma percentual com quatro casas decimais.

5. Com base no Exercício 4, calcule a variação acumulada do período todo, expressando-a na forma percentual com duas casas decimais.

---

[5] O gabarito dos Exercícios 3 a 5 pode ser conferido ao final do livro, na seção **Soluções dos exercícios propostos**.

CAPÍTULO 4

Orçamento de operações

Visão geral

O orçamento de operações abrange as atividades de operação de uma organização e é formado por orçamentos específicos. Ele representa o cerne do processo orçamentário.

O orçamento de operações do nosso exemplo é composto pelos seguintes orçamentos específicos:

- orçamento de vendas;
- orçamento de produção;
- orçamento de compras e faturamentos;
- orçamento de despesas.

4.1 Orçamento de vendas

4.1.1 Análise de mercados

O pontapé do processo orçamentário é dado pela área de marketing ou pela área comercial, que determina as quantidades e o valor das vendas líquidas por meio do orçamento de vendas. Se a projeção do volume de venda de mercadorias for significativamente superior à de períodos anteriores, é preciso analisar previamente a capacidade de logística e armazenagem. Da mesma forma, se o volume de produção própria for significativamente superior ao de períodos anteriores, a área de produção deve ser consultada previamente para avaliar a capacidade produtiva.

Daí a importância de projetar corretamente o volume de vendas, com premissas e estimativas adequadas ao provável cenário econômico, pois causa fortes impactos aos processos de logística e produção.

O nosso modelo de orçamento considera somente um tipo de produto ou um grupo de produtos avaliados a um preço médio. Se uma empresa possuir diversas famílias de produtos com características diferentes, recomenda-se elaborar o orçamento de vendas em nível de detalhe mais adequado a suas necessidades.

4.1.1.1 Efeitos da sazonalidade e número de dias do mês

Existem sazonalidades em alguns ramos de atividade, como sorvetes, roupas e produção agropecuária. No comércio, é comum haver vendas maiores nos meses com dias comemorativos (Dia das Mães, Dia das Crianças, Natal etc.) e vendas menores nos meses com menor número de dias.

Por exemplo, o mês de fevereiro tem 28 dias (ou 29 em anos bissextos) e o mês de janeiro, 31 dias. Só essa diferença de três dias pode representar cerca de 10% no volume de vendas do comércio de alimentos (e, consequentemente, na venda da indústria para o comércio).

4.1.1.2 Receitas realizáveis no longo prazo

Em alguns ramos de negócio, é preciso elaborar o **orçamento de contratações** antes do orçamento de vendas, como no caso de construção civil, cujas receitas decorrem de contratos assinados meses ou anos antes.

4.1.2 Projeção de vendas líquidas

O orçamento de vendas do nosso exemplo é composto por um só quadro orçamentário, o Quadro 4.1 (Projeção de vendas líquidas).

A empresa do nosso exemplo é uma indústria que fabrica somente um tipo de produto. Para iniciar a projeção do orçamento de vendas, são utilizados os seguintes dados-base:

- venda mensal de 10.000 unidades;
- preço unitário sem impostos de R$ 20,00.

Da Tabela 3.1, será extraído o índice de inflação geral (índice IG).

Mês		Base	1	2	3	4	5	6	Variação acumulada
Inflação geral (IG)	Variação (%)		*0,60%*	*0,60%*	*0,60%*	*0,50%*	*0,50%*	*0,50%*	
	Índice	**1,0000**	**1,0060**	**1,0120**	**1,0181**	**1,0232**	**1,0283**	**1,0334**	**3,34%**

A premissa é de que a quantidade de vendas sofrerá aumento de 0,5% mensalmente, sempre sobre a quantidade do mês anterior, e os preços unitários acompanharão o índice IG.

A coluna "Observações" indica, resumidamente, as fontes de dados, as premissas e as formas de cálculo.

Como se trata de projeções, não é preciso utilizar os centavos nos resultados de cálculos finais, com exceção de resultados intermediários. Algumas organizações, pela grandeza de seus números, projetam os valores em milhares ou milhões de reais.

Quadro 4.1 Projeção de vendas líquidas

Mês	Base	1	2	3	4	5	6	Total	Observações
(a) Quantidade de vendas	10.000	10.050	10.100	10.151	10.202		10.304	61.060	Aumento de 0,5% ao mês
(b) Índice de inflação geral (IG)	1,0000	1,0060	1,0120	1,0181	1,0232		1,0334		Tabela 3.1
(c) Preço unitário sem impostos (R$)	20,00	20,1200	20,2400	20,3620	20,4640		20,6680		Preço-base × Índice IG
(d) Vendas líquidas (R$)	**200.000**	**202.206**	**204.424**	**206.695**	**208.774**		**212.963**	**1.245.925**	**d = a × c**

Fonte: elaborado pelo autor.

A quantidade de vendas do mês-base é de 10.000 unidades, com aumento de 0,5% ao mês sobre o saldo anterior. Os cálculos são feitos mediante a seguinte fórmula:

$$Q_n = Q_{n-1} \times (1 + TM)$$

Onde:

Q_n = quantidade do mês *n*;
Q_{n-1} = quantidade do mês anterior;
TM = taxa de aumento mensal.

Aplicando a fórmula:

Quantidade do mês 1=10.000 × (1 + 0,005) = 10.050 unidades

Quantidade do mês 2=10.050 × (1 + 0,005) = 10.100 unidades

Quantidade do mês 3=10.100 × (1 + 0,005) = 10.151 unidades

Uma vez projetada a quantidade de vendas, calculam-se os preços unitários sem impostos de cada mês, sobre o preço-base de R$ 20,00, por meio da seguinte fórmula:

$$PU_n = PU_{base} \times IG$$

Onde:

PU_n = preço unitário do mês *n*;
PU_{base} = preço unitário do mês-base;
IG = índice de inflação geral.

Diferentemente do cálculo anterior, o preço-base é sempre fixo e multiplicado pelo índice IG do respectivo mês. Veja os exemplos a seguir.

Preço unitário do mês 1 = 20,00 × 1,0060 = 20,12

Preço unitário do mês 2 = 20,00 × 1,0120 = 20,24

Multiplicando a quantidade pelo preço unitário dos respectivos meses, apuram-se as vendas líquidas.

Vendas líquidas do mês 1 = 10.050 unidades × R$ 20,12 = R$ 202.206

Vendas líquidas do mês 2 = 10.100 unidades × R$ 20,24 = R$ 204.424

No Quadro 4.1, foi utilizada a premissa de que as quantidades de venda não sofrem os efeitos da sazonalidade ou do número de dias existentes no mês, com exceção do crescimento mensal de 0,5%. Entretanto, na prática, devem ser consideradas na projeção as particularidades de cada empresa.

4.2 Orçamento de produção

O orçamento de produção tem a finalidade de projetar a quantidade e o custo de produção, bem como apurar o custo de venda por meio da movimentação de estoques. É composto pelos seguintes quadros orçamentários:

- projeção da quantidade de produção;
- custos variáveis de produção;
- custos indiretos de produção;
- custo total de produção;
- movimentação de estoques.

4.2.1 Projeção da quantidade de produção

Com base na quantidade de vendas orçada, apura-se a quantidade de produção necessária, considerando a existência de estoques iniciais e finais. A área de produção analisará a possibilidade de atender à demanda projetada, considerando suas limitações, como capacidade de produção, tecnologias e restrições de mercado em relação a insumos.

Para calcular a quantidade a produzir, utiliza-se a tradicional equação do estoque final:

Estoque final = Estoque inicial + Produção – Vendas

De acordo com a equação do estoque final, são conhecidos, em quantidade, o estoque inicial, as vendas e o estoque final (estimado em 40% da venda do período). Assim, a equação para calcular a quantidade a produzir é a seguinte:

Produção = Vendas + Estoque final – Estoque inicial

No Quadro 4.2, estão projetadas as quantidades de produção necessárias em cada mês. A quantidade de estoque final do mês-base é de 4.000 unidades, e estima-se o estoque final correspondente a 40% da venda do período.

Exemplo:

Produção do mês 1 = 10.050 + 4.020 – 4.000 = 10.070 unidades

Quadro 4.2 Projeção da quantidade de produção

Mês	Base	1	2	3	4	5	6	Total	Observações
(a) Vendas		10.050	10.100	10.151	10.202		10.304	61.060	Quadro 4.1, item (a)
(b) (+) Estoque final	4.000	4.020	4.040	4.060	4.081		4.122	4.122	40% da venda do período
(c) (–) Estoque inicial		4.000	4.020	4.040	4.060		4.101	4.000	Estoque inicial = Estoque final anterior
(d) (=) Quantidade a produzir		**10.070**	**10.120**	**10.171**	**10.223**		**10.325**	**61.182**	

Fonte: elaborado pelo autor.

4.2.2 Projeção de custos variáveis

Uma vez definidas as quantidades mensais a produzir, calcula-se o custo de produção. Os custos variáveis da empresa englobam matéria-prima nacional, matéria-prima importada e mão de obra direta.

4.2.2.1 Cálculo de custos-base unitários

Inicialmente, calculam-se os custos unitários de cada um dos itens. A ideia, aqui, é apurar o padrão do custo da matéria-prima e mão de obra direta necessárias para produzir uma unidade do produto. No período que serviu de base, a produção foi de 10.000 unidades.

Os dados que servem de base são os seguintes:

Matéria-prima nacional
Custo total: R$ 60.000
(÷) Quantidade: 10.000 unidades
(=) Custo unitário: R$ 6,0000

Matéria-prima importada

Custo total: R$ 30.000

(÷) Quantidade: 10.000 unidades

(=) Custo unitário: R$ 3,0000

Mão de obra direta

Custo total: R$ 36.260

(÷) Quantidade: 10.000 unidades

(=) Custo unitário: R$ 3,6260

Quadro 4.3 Custos variáveis de produção

Mês	Base	1	2	3	4	5	6	Total	Observações
(a) Quantidade de produção	10.000	10.070	10.120	10.171	10.223		10.325	61.182	Quadro 4.2, item (d)
Matéria-prima nacional									
(b) Índice de inflação geral (IG)	1,0000	1,0060	1,0120	1,0181	1,0232		1,0334		Tabela 3.1
(c) Custo unitário (em R$)	6,0000	6,0360	6,0720	6,1086	6,1392		6,2004		Custo unitário = Custo-base × Índice IG
(d) Custo total (em R$)	60.000	**60.783**	**61.449**	**62.131**	**62.761**		**64.019**	**374.525**	Custo total = Quantidade × custo unitário
Matéria-prima importada									
(e) Taxa de câmbio (TC)	3,2000	3,1520	3,1835	3,2631	3,2794		3,3123		Tabela 3.1
(f) Custo unitário (em R$)	3,0000	2,9550	2,9845	3,0592	3,0744		3,1053		Custo unitário = Custo-base × (TC atual / TC da base)
(g) Custo total (em R$)	30.000	**29.757**	**30.203**	**31.115**	**31.430**		**32.062**	**186.309**	Custo total = Quantidade × custo unitário (*1)

(continua)

(continuação)

Mão de obra direta									
(h) Índice de salário (SL)	1,0000	1,0000	1,0000	1,0150	1,0150	…	1,0455		Tabela 3.1
(i) Custo unitário (em R$)	3,6260	3,6260	3,6260	3,6804	3,6804	…	3,7910		Custo unitário = Custo-base × Índice SL
(j) Custo total (em R$)	36.260	36.514	36.695	37.433	37.625	…	39.142	**226.354**	Custo total = Quantidade × custo unitário (*2)
(k) Custos variáveis totais	**126.260**	**127.054**	**128.347**	**130.679**	**131.816**	…	**135.223**	**787.188**	

Notas:

(*1) O custo unitário inclui o valor FOB (*Free on board*) e as despesas de desembaraço aduaneiro.

(*2) A composição da mão de obra direta está detalhada no Quadro 4.13.

Fonte: elaborado pelo autor.

4.2.2.2 Cálculo de custos unitários variáveis

Os custos unitários variáveis são atualizados mensalmente por meio dos respectivos índices de correção. Em seguida, multiplica-se a quantidade mensal pelo custo unitário atualizado, obtendo, assim, o custo total do mês.

O custo unitário atualizado de cada mês é calculado por meio da seguinte fórmula:

$$\text{Custo unitário do mês } n = \text{custo-base} \times \left(\frac{\text{índice ou taxa do mês } n}{\text{índice ou taxa do mês-base}} \right)$$

Essa fórmula deve ser aplicada, obrigatoriamente, para calcular o custo unitário da matéria-prima importada, pois a taxa de câmbio do mês-base é R$ 3,2000 (portanto, diferente de 1). Essa forma de correção de valor vale também para matérias-primas nacionais cotadas em dólar, como é o caso de produtos derivados de petróleo.

O índice de inflação geral (índice IG) e o índice de salário (índice SL) têm a base 1. Portanto, para atualizar o custo unitário, não é preciso dividir o índice do mês corrente pelo índice do mês-base, que é 1.

Exemplos:

Custo unitário de matéria-prima nacional

Mês 1 = R$ 6,0000 × 1,0060 = R$ 6,0360

Mês 2 = R$ 6,0000 × 1,0120 = R$ 6,0720

Custo unitário de matéria-prima importada

$$\text{Mês } 1 = \text{R\$ } 3{,}0000 \times \left(\frac{\text{R\$ } 3{,}1520}{\text{R\$ } 3{,}2000}\right) = \text{R\$ } 2{,}9550$$

$$\text{Mês } 2 = \text{R\$ } 3{,}0000 \times \left(\frac{\text{R\$ } 3{,}1835}{\text{R\$ } 3{,}2000}\right) = \text{R\$ } 2{,}9845$$

Custo unitário de mão de obra direta

Mês 1 = R$ 3,6260 × 1,0000 = R$ 3,6260

Mês 2 = R$ 3,6260 × 1,0000 = R$ 3,6260

Nota: O custo unitário do mês 2 é igual ao do mês 1, pois não há variação nesse mês.

4.2.2.3 Cálculo de custos totais

Para calcular os custos totais, basta multiplicar a quantidade do mês corrente pelo custo unitário variável correspondente.

Exemplos:

Custo total de matéria-prima nacional

Mês 1 = 10.070 un. × R$ 6,0360 = R$ 60.783

Mês 2 = 10.120 un. × R$ 6,0720 = R$ 61.449

Custo total de matéria-prima importada

Mês 1 = 10.070 un. × R$ 2,9550 / 3,2000 = R$ 29.757

Mês 2 = 10.120 un. × R$ 2,9845 / 3,2000 = R$ 30.203

Custo total de mão de obra direta

Mês 1 = 10.070 un. × R$ 3,6260 = R$ 36.514

Mês 2 = 10.120 un. × R$ 3,6260 = R$ 36.695

4.2.3 Projeção de custos indiretos de produção

Os custos indiretos de produção são compostos por custos que não sofrem o efeito da variação da quantidade de produção [custos fixos] ou que sofrem pouco efeito [custos semifixos ou semivariáveis].

Por exemplo, a mão de obra indireta [salários de supervisão, de gerência industrial etc.] não sofre variação em função da variação da quantidade de produção, caracterizando um custo fixo. A energia elétrica possui uma parte fixa [grande parte] e uma parte variável, que aumenta de valor quando aumenta o nível de produção a partir de determinado ponto, caracterizando um custo semivariável.

Cada um dos itens que compõem os custos indiretos de produção é corrigido pelo índice que melhor represente a sua evolução.

As variações nos valores dos custos apresentados no Quadro 4.4 [Custos indiretos de produção] ocorrem em função da variação no índice de salário, no índice de inflação geral e em depreciações. Observe, por exemplo, a evolução dos valores dos salários: os valores permanecem inalterados enquanto não há variação no índice [há variação nos meses 3 e 5].

Os seguintes índices e percentuais são utilizados para correção de valores mensais dos custos indiretos de fabricação:

Índices econômicos e percentuais sobre salários

Mês	Base	1	2	3	4	5	6
Índice de inflação geral	1,0000	1,0060	1,0120	1,0181	1,0232	1,0283	1,0334
Índice de variação salarial	1,0000	1,0000	1,0000	1,0150	1,0150	1,0455	1,0455
Percentual de encargos sociais	29,0%	29,0%	29,0%	29,0%	29,0%	29,0%	29,0%
Percentual de férias, 13º salário e rescisões	40,0%	40,0%	40,0%	40,0%	40,0%	40,0%	40,0%

A depreciação é um item tratado no Quadro 5.2 [Depreciações acumuladas] do orçamento de investimentos. O aumento ou a redução de seu valor depende de novas aquisições de imobilizado, desinvestimento ou depreciação acelerada em função de, por exemplo, aumento de turnos ou horas de funcionamento das máquinas e instalações.

Quadro 4.4 Custos indiretos de produção

Mês	Base	1	2	3	4	5	6	Total	Observações
[a] Salários	5.500	5.500	5.500	5.583	5.583		5.750	33.666	Valor-base × Índice SL
[b] Encargos sociais	1.595	1.595	1.595	1.619	1.619		1.668	9.764	b = a × 29%
[c] Férias, 13º salário e rescisões	2.200	2.200	2.200	2.233	2.233		2.300	13.466	c = a × 40%
[d] Energia elétrica	5.000	5.030	5.060	5.091	5.116		5.167	30.606	Valor-base × Índice IG

[continua]

(continuação)

(e) Locação de equipamentos	3.500	3.521	3.542	3.563	3.581		3.617	21.423	Valor-base × Índice IG
(f) Depreciação	1.813	1.813	1.813	1.875	1.875		2.000	11.376	Quadro 5.2, item (b)
(g) Outros custos indiretos	2.000	2.012	2.024	2.036	2.046		2.067	12.242	Valor-base × Índice IG
(h) Total	**21.608**	**21.671**	**21.734**	**22.000**	**22.053**		**22.569**	**132.543**	

Fonte: elaborado pelo autor.

Quadro 4.5 Custo total de produção

Mês	1	2	3	4	5	6	Total	Observações
(a) Custos variáveis totais	127.054	128.347	130.679	131.816		135.223	787.188	Quadro 4.3, item (k)
(b) Custos indiretos totais	21.671	21.734	22.000	22.053		22.569	132.543	Quadro 4.4, item (h)
(c) Custo total de produção	**148.725**	**150.081**	**152.679**	**153.869**		**157.792**	**919.731**	

Fonte: elaborado pelo autor.

4.2.4 Apuração do custo de produção e de vendas

Os custos variáveis e custos indiretos foram apurados no Quadro 4.3 (Custos variáveis de produção) e no Quadro 4.4 (Custos indiretos de produção), respectivamente, e totalizados no Quadro 4.5 (Custo total de produção).

A movimentação de estoques, em quantidades, está demonstrada no Quadro 4.2 (Projeção da quantidade de produção), e os custos de produção estão totalizados no Quadro 4.5. Com base nesses dois quadros orçamentários, apura-se a movimentação de estoques em quantidade e valor, como demonstrado no Quadro 4.6 (Movimentação de estoques), apresentado a seguir. Esse quadro tem a finalidade de apurar o valor do estoque e do custo de vendas e é elaborado em três colunas:

- quantidade;
- valor total;
- custo médio unitário.

Quadro 4.6 Movimentação de estoques (em quantidade e valor)

Mês	1			2			3			4			5			6			Total	Observações
Evolução	Quantidade	Valor total	Custo médio unitário	Quantidade	Valor total	Custo médio unitário	Quantidade	Valor total	Custo médio unitário	Quantidade	Valor total	Custo médio unitário	Quantidade	Valor total	Custo médio unitário	Quantidade	Valor total	Custo médio unitário	Valor do semestre	As quantidades são calculadas no Quadro 4.2
(a) Estoque inicial	4.000	60.000	15,0000	4.020	59.636	14,8348	4.040	59.919	14,8314	4.060	60.738	14,9601				4.101	62.256	15,1807	60.000	
(b) (+) Produção	10.070	148.725	14,7691	10.120	150.081	14,8301	10.171	152.679	15,0112	10.223	153.869	15,0513				10.325	157.792	15,2825	919.731	Valor = Quadro 4.5, item (c)
(c) (=) Soma	**14.070**	**208.725**	**14,8348**	**14.140**	**209.717**	**14,8315**	**14.211**	**212.598**	**14,9601**	**14.283**	**214.607**	**15,0253**				**14.426**	**220.048**	**15,2536**	**979.731**	
(d) (–) Estoque final	4.020	59.636	14,8348	4.040	59.919	14,8315	4.060	60.738	14,9601	4.081	61.318	15,0253				4.122	62.875	15,2536	62.875	Quantidade × Custo médio unitário
(e) (=) Venda	**10.050**	**149.089**	**14,8347**	**10.100**	**149.798**	**14,8315**	**10.151**	**151.860**	**14,9601**	**10.202**	**153.289**	**15,0254**				**10.304**	**157.173**	**15,2536**	**916.856**	Venda = Estoque inicial + Produção – Estoque final

Fonte: elaborado pelo autor.

4.2.4.1 Cálculos passo a passo

Vamos demonstrar passo a passo como são feitos os cálculos para apurar o valor do estoque final e o custo de produtos vendidos, com base em dados do mês 1.

1. Transferem-se as quantidades calculadas no Quadro 4.2 para o Quadro 4.6, como segue:

Mês		1	
Evolução	**Quantidade**	**Valor total**	**Custo médio unitário**
(a) Estoque inicial	4.000		
(b) (+) Produção	10.070		
(c) (=) Soma	**14.070**		
(d) (–) Estoque final	4.020		
(e) (=) Venda	**10.050**		

2. As quantidades de estoque inicial e de produção são completadas com os respectivos valores. O valor do estoque inicial está informado no balanço patrimonial inicial, e o valor da produção do mês está totalizado no Quadro 4.5.

Mês		1	
Evolução	**Quantidade**	**Valor total**	**Custo médio unitário**
(a) Estoque inicial	4.000	60.000	
(b) (+) Produção	10.070	148.725	
(c) (=) Soma	**14.070**	**208.725**	
(d) (–) Estoque final	4.020		
(e) (=) Venda	**10.050**		

3. Em seguida, calcula-se a soma do estoque inicial e da produção do mês. Dividindo esse valor pela quantidade acumulada, obtém-se o custo médio unitário do mês:

   R$ 208.725 / 14.070 unidades = R$ 14,8348

   É esse valor que deve ser utilizado para calcular o valor do estoque final.

Mês		1	
Evolução	**Quantidade**	**Valor total**	**Custo médio unitário**
(a) Estoque inicial	4.000	60.000	15,0000
(b) (+) Produção	10.070	148.725	14,7691
(c) (=) Soma	**14.070**	**208.725**	**14,8348**
(d) (–) Estoque final	4.020		
(e) (=) Venda	**10.050**		

4. Para apurar o custo da venda, procede-se da seguinte forma:

Estoque final = 4.020 unidades × R$ 14,8348 = R$ 59.636

Mês		1	
Evolução	**Quantidade**	**Valor total**	**Custo médio unitário**
(a) Estoque inicial	4.000	60.000	15,0000
(b) (+) Produção	10.070	148.725	14,7691
(c) (=) Soma	**14.070**	**208.725**	**14,8348**
(d) (–) Estoque final	4.020	59.636	14,8348
(e) (=) Venda	**10.050**		

5. E, finalmente, calcula-se o custo da venda da seguinte forma:

Custo da venda = R$ 208.725 – R$ 59.636 = R$ 149.089

Mês		1	
Evolução	**Quantidade**	**Valor total**	**Custo médio unitário**
(a) Estoque inicial	4.000	60.000	15,0000
(b) (+) Produção	10.070	148.725	14,7691
(c) (=) Soma	**14.070**	**208.725**	**14,8348**
(d) (–) Estoque final	4.020	59.636	14,8348
(e) (=) Venda	**10.050**	**149.089**	**14,8347**

O cálculo do custo da venda deve ser feito na ordem apresentada, pois, dessa forma, quando surge diferença por arredondamento de valores, essa diferença fica ajustada no custo da venda. Observe que o custo unitário da venda ficou ligeiramente menor do que o custo unitário de estoque em função do arredondamento do custo unitário que utilizou quatro casas decimais.

4.3 Orçamento de compras e faturamentos

O orçamento de compras e faturamentos tem a finalidade de apurar os valores dos fornecedores e dos clientes, bem como os tributos a recolher ou a recuperar.

O orçamento de compras e faturamentos é composto pelos seguintes quadros orçamentários:

- compras de matéria-prima nacional;
- compras de matéria-prima importada;
- vendas no mercado nacional;
- apuração de tributos a recolher.

4.3.1 Compras de matéria-prima nacional

As compras geram créditos de tributos que podem ser recuperados por meio de compensação contra os valores de débitos gerados pelas vendas.

Com base no custo total de matéria-prima nacional, calculado no Quadro 4.3 (Custos variáveis de produção), apuram-se os respectivos tributos e valor total das compras.

Quadro 4.7 Compras de matéria-prima nacional

Mês	1	2	3	4	5	6	Total	Observações
(a) Custo de matéria-prima	60.783	61.449	62.131	62.761		64.019	374.525	Quadro 4.3, item (d)
(b) ICMS (16%)	11.578	11.705	11.834	11.954		12.194	71.338	b = [a / (1 – 0,16)] × 16% (*1)
(c) Custo de matéria-prima com ICMS	**72.361**	**73.154**	**73.965**	**74.715**		**76.213**	**445.863**	c = a + b
(d) IPI, PIS e Cofins (12%)	8.683	8.778	8.876	8.966		9.146	53.504	d = c × 12%
(e) Valor bruto da matéria-prima	**81.044**	**81.932**	**82.841**	**83.681**		**85.359**	**499.367**	e = b + d = Fornecedores nacionais (*2)

Notas:

(*1) Fórmula para cálculo do ICMS "por dentro": [Custo de matéria-prima / (1 – alíquota)] × alíquota.

(*2) No valor das compras brutas, que é pago aos fornecedores, estão inclusos todos os tributos.

Fonte: elaborado pelo autor.

Os tributos federais, como o IPI, PIS e Cofins (alíquota total hipotética de 12%) incidem também sobre o ICMS (alíquota hipotética de 16%), que está incluso no preço da mercadoria. Portanto, os cálculos para embutir os tributos no valor total de compra devem ser feitos em duas etapas.

No nosso exemplo, utilizamos a alíquota média de 16% (0,16 em número decimal) para o ICMS. Como esse imposto é calculado sobre um valor que inclui o próprio ICMS, o cálculo é feito “por dentro”, mediante a seguinte fórmula:

$$\text{ICMS} = \frac{\text{Custo de matéria-prima}}{1 - \text{alíquota de ICMS}} \times \text{alíquota de ICMS}$$

Exemplo (com dados do mês 1):

$$\text{ICMS} = \frac{\text{R\$ } 60.783}{1 - 0{,}16} \times 0{,}16 = \text{R\$ } 11.578$$

Observe que o seguinte cálculo apura diretamente o custo de matéria-prima já com o ICMS incluso.

$$\text{Custo de matéria-prima com ICMS} = \frac{\text{R\$ } 60.783}{1 - 0{,}16} = \text{R\$ } 72.361$$

Então, para calcular o valor do ICMS, poderia também apurar-se a diferença entre esse valor e o do custo de matéria-prima (que não inclui o ICMS), como segue:

ICMS = R$ 72.361 – R$ 60.783 = R$ 11.578

Para comprovar a exatidão do valor do ICMS calculado, basta aplicar a alíquota de 16% sobre o valor que inclui o próprio ICMS. Veja o seguinte cálculo:

ICMS = R$ 72.361 × 16% = R$ 11.578

Conhecendo-se o valor da matéria-prima que inclui o ICMS, calculam-se os tributos federais (IPI, PIS e Cofins) sobre ele e, em seguida, soma-se mais esse valor.

IPI, PIS e Cofins = R$ 72.361 × 12% = R$ 8.683
Valor bruto de compra = R$ 72.361 + R$ 8.683 = R$ 81.044

Assim, o valor de R$ 81.044, que inclui todos os tributos, será o valor total das notas fiscais a pagar aos fornecedores nacionais.

4.3.2 Importação de matéria-prima

As matérias-primas importadas são oneradas com tarifas alfandegárias, como Imposto de Importação (II). Além desse imposto, existem despesas de desembaraço aduaneiro, como a taxa de armazenagem, fretes e outras taxas que não são recuperáveis e, portanto, são incluídas no custo de matéria-prima. Essas despesas ocorrem no território brasileiro e são independentes do valor a pagar aos fornecedores estrangeiros de mercadorias e serviços.

O valor devido ao fornecedor estrangeiro é conhecido como valor FOB (*free on board*). Se houver frete e/ou seguro internacional, esses custos devem ser considerados no cálculo e, nesse caso, o valor total se chama CIF (*cost, insurance and freight*).

O custo total de matéria-prima importada apurado no Quadro 4.3 (Custos variáveis de produção) inclui os custos de nacionalização (II e despesas aduaneiras), mas não inclui os tributos recuperáveis nas compras. No Quadro 4.8, é feita a segregação desses valores.

Quadro 4.8 Importação de matéria-prima

Mês	1	2	3	4	5	6	Total	Observações
(a) Custo de matéria-prima	29.757	30.203	31.115	31.430		32.062	186.309	Quadro 4.3, item (g)
(b) II + Despesa de desembaraço (total 22%)	5.366	5.446	5.611	5.668		5.782	33.597	b = [a / (1 + 0,22)] × 22% (*1)
(c) Valor CIF	**24.391**	**24.757**	**25.504**	**25.762**		**26.280**	**152.712**	c = a – b = Fornecedores estrangeiros (*2)
(d) IPI sobre custo de matéria--prima (10%)	2.976	3.020	3.112	3.143		3.206	18.631	d = a × 10% (*3)
(e) Custo de matéria + IPI	**32.733**	**33.223**	**34.227**	**34.573**		**35.268**	**171.343**	e = a + d
(f) ICMS (18%)	7.185	7.293	7.513	7.589		7.742	44.986	f = [e / (1 – 0,18)] × 18% (*4)
(g) Valor bruto da matéria-prima	**39.918**	**40.516**	**41.740**	**42.162**		**43.010**	**216.329**	g = e + f
(h) Gastos com desembaraço aduaneiro	**15.527**	**15.759**	**16.236**	**16.400**		**16.730**	**97.214**	h = b + d + f

Notas:

(*1) Fórmula para segregar o II e despesas de desembaraço aduaneiro: [Custo de matéria-prima / (1 + alíquota)] × alíquota.

(*2) O valor CIF inclui o valor FOB (valor da mercadoria), além do frete e seguro internacionais.

(*3) Incluir o PIS e Cofins, quando houver, lembrando que a base de cálculo desses tributos pode ser diferente da do IPI.

(*4) Fórmula para cálculo do ICMS: ICMS = [Valor com IPI / (1 – alíquota)] × alíquota.

Fonte: elaborado pelo autor.

Inicialmente, transfere-se para o Quadro 4.8 (Importação de matéria-prima) o custo de matéria-prima importada, apurado no Quadro 4.3, que engloba o valor CIF, o II e as despesas de desembaraço aduaneiro. Portanto, é necessário segregar cada um desses valores.

O IPI incide sobre uma base conhecida como "valor aduaneiro", que inclui, além do valor da mercadoria estrangeira, o frete e o seguro internacionais (se houver), bem como o II. E o ICMS é calculado sobre o valor que inclui todos esses tributos e despesas já mencionados e o próprio ICMS. Vamos demonstrar os cálculos passo a passo.

Exemplo (com dados do mês 1):

1º passo: apuração do valor CIF

O valor CIF pode ser calculado por meio da seguinte fórmula, sabendo-se que o II e despesas aduaneiras correspondem a 22% sobre o valor CIF. A fórmula para segregar do custo de matéria-prima o valor CIF é a seguinte:

$$\text{Valor CIF} = \frac{\text{Custo de matéria-prima}}{1 + \text{alíquota}} \times \text{alíquota}$$

$$\text{Valor CIF} = \frac{\text{R\$ 29.757}}{1 + 0{,}22} \times 0{,}22 = \text{R\$ 24.391}$$

2º passo: cálculo do valor com IPI

Para calcular o IPI, basta aplicar a alíquota hipotética de 10% sobre o valor CIF.

$$\text{IPI} = \text{R\$ 29.757} \times 10\% = \text{R\$ 2.976}$$

$$\text{Valor com IPI} = \text{R\$ 29.757} + \text{R\$ 2.976} = \text{R\$ 32.733}$$

Atenção: o IPI é calculado sobre o item (a) – custo de matéria-prima –, que engloba o valor CIF, II e despesas de desembaraço aduaneiro.

3º passo: cálculo do ICMS e do valor total da matéria-prima

A base de cálculo do ICMS inclui todos os tributos e taxas aduaneiras. Além disso, o ICMS incide também sobre ele próprio, o que implica realizar o cálculo "por dentro" por meio da fórmula a seguir apresentada. Depois, soma-se ao custo de matéria-prima que inclui o IPI (item (e)).

$$\text{ICMS} = \frac{\text{Valor com IPI}}{1 - \text{alíquota de ICMS}} \times \text{alíquota de ICMS}$$

$$\text{ICMS} = \frac{\text{R\$ 32.733}}{1 - 0{,}18} \times 18\% = \text{R\$ 7.185}$$

$$\text{Valor bruto de matéria-prima} = \text{R\$ 32.733} + \text{R\$ 7.185} = \text{R\$ 39.918}$$

4º passo: agrupamento dos gastos com desembaraço aduaneiro

Por último, são agrupados todos os gastos com desembaraço aduaneiro, necessários para a nacionalização da mercadoria importada. São valores relativos a tributos e taxas pagas para que a mercadoria importada possa ser comercializada no Brasil. No nosso exemplo:

Gastos com desembaraço aduaneiro:

- R$ 5.366 = II e despesas aduaneiras;
- R$ 2.976 = IPI;
- R$ 7.185 = ICMS;
- R$ 15.527 = Total.

4.3.3 Vendas no mercado nacional

Da mesma forma que as compras líquidas, as vendas líquidas não incluem os tributos. Portanto, são necessários os cálculos de tributos para apurar o valor de vendas brutas, que é cobrado dos clientes.

Os valores das vendas líquidas estão apurados no Quadro 4.1 [Projeção de vendas líquidas] e são transferidos para o Quadro 4.9 para calcular os tributos e o valor de vendas brutas.

A forma de cálculo dos tributos sobre vendas é a mesma dos tributos sobre compras nacionais. As alíquotas médias dos tributos podem ser extraídas dos registros de livros fiscais.

Quadro 4.9 Vendas no mercado nacional

Mês	1	2	3	4	5	6	Total	Observações
[a] Vendas líquidas	202.206	204.424	206.695	208.774	[illegible]	212.963	1.245.925	Quadro 4.1, item [d]
[b] ICMS [17%]	41.416	41.870	42.335	42.761	[illegible]	43.619	255.190	b = [a / [1 – 0,17]] × 17% [*1]
[c] Vendas líquidas com ICMS	**243.622**	**246.294**	**249.030**	**251.535**	[illegible]	**256.582**	**1.501.115**	c = a + b
[d] IPI, PIS e Cofins [20%]	48.724	49.259	49.806	50.307	[illegible]	51.316	300.222	d = c × 20%
[e] Valor bruto das vendas	**292.346**	**295.553**	**298.836**	**301.842**	[illegible]	**307.898**	**1.801.337**	e = b + d = Clientes [*2]

Notas:

[*1] Fórmula para cálculo do ICMS "por dentro": [Custo de matéria-prima / [1 – alíquota]] × alíquota.

[*2] O valor das vendas brutas, que inclui todos os tributos, será recebido dos clientes.

Fonte: elaborado pelo autor.

No nosso exemplo, utilizamos a alíquota média de 17% para o ICMS. Como esse imposto é calculado sobre um valor que inclui o próprio ICMS, o cálculo é feito "por dentro", mediante a seguinte fórmula:

$$\text{ICMS} = \frac{\text{Vendas líquidas}}{1 - \text{alíquota de ICMS}} \times \text{alíquota de ICMS}$$

$$\text{ICMS} = \frac{\text{R\$ } 202.206}{1 - 0{,}17} \times 17\% = \text{R\$ } 41.416$$

Os demais cálculos são semelhantes aos realizados para apurar o valor bruto de compras (Quadro 4.7). Da mesma forma, o valor bruto de vendas será o valor a receber dos clientes.

4.3.4 Apuração de tributos a recolher ou a recuperar

O último quadro do orçamento de compras e faturamentos tem a finalidade de apurar os tributos a recolher ou a recuperar. Se o tributo sobre as vendas for maior que o tributo sobre as compras, o saldo (diferença) será devedor e, portanto, esse valor deve ser recolhido. Se, por outro lado, o tributo sobre as vendas for menor do que sobre as compras, o saldo será credor e, nesse caso, a empresa terá o direito de recuperar esse valor compensando-o com débitos futuros.

Para praticidade, agrupamos os tributos como o IPI, PIS e Cofins; mas, na prática, é recomendável apurar cada um dos tributos separadamente, pois suas bases de cálculo e aplicabilidades podem ser diferentes. Por exemplo, as regulamentações de IPI e ICMS permitem os créditos somente sobre os insumos para produção, tais como matérias-primas, materiais de embalagem e materiais intermediários, que compõem o produto final. Entretanto, é possível contabilizar crédito de ICMS também sobre as compras de ativo imobilizado para produção e comercialização.

Os cálculos do Quadro 4.10 (Apuração de tributos a recolher ou a recuperar) são simples: se o saldo do tributo for devedor (débito maior que o crédito), haverá tributo a recolher. Se ocorrer o inverso, haverá tributo a recuperar.

Quadro 4.10 Apuração de tributos a recolher ou a recuperar

Mês	1	2	3	4	5	6	Total	Observações
(a) ICMS sobre vendas	41.416	41.870	42.335	42.761	[illegible]	43.619	255.190	Quadro 4.9, item (b)
(b) ICMS sobre compras	18.763	18.998	19.347	19.543	[illegible]	19.936	116.324	Quadro 4.7, item (b) + Quadro 4.8, item (f)
(c) ICMS a recolher (a recuperar)	**22.653**	**22.872**	**22.988**	**23.218**	[illegible]	**23.683**	**138.866**	c = a – b
(d) IPI, PIS e Cofins sobre vendas	48.724	49.259	49.806	50.307	[illegible]	51.316	300.222	Quadro 4.9, item (d)
(e) IPI, PIS e Cofins sobre compras	11.659	11.798	11.988	12.109	[illegible]	12.352	72.135	Quadro 4.7, item (d) + Quadro 4.8, item (d)
(f) IPI, PIS e Cofins a recolher (a recuperar)	**37.065**	**37.461**	**37.818**	**38.198**	[illegible]	**38.964**	**228.087**	f = d – e
(g) Total de tributos sobre vendas	90.140	91.129	92.141	93.068	[illegible]	94.935	810.602	g = a + d
(h) Total de tributos sobre compras	30.422	30.796	31.335	31.652	[illegible]	32.288	855.634	h = b + e
(i) Tributos a recolher (a recuperar)	**59.718**	**60.333**	**60.806**	**61.416**	[illegible]	**62.647**	**1.549.912**	i = g + h

Fonte: elaborado pelo autor.

4.4 Orçamento de despesas

O orçamento de despesas consolida as despesas de todas as áreas: comercial, administrativa e, inclusive, industrial. Tecnicamente, as despesas industriais são custos, mas, gerencialmente, são tratadas como despesas equivalentes às da área comercial ou administrativa.

Inicialmente, vamos reproduzir os índices econômicos e percentuais sobre salários que serão empregados na elaboração de quadros do orçamento de despesas.

Índices econômicos e percentuais sobre salários

Mês	Base	1	2	3	4	5	6
Índice de inflação geral (IG)	1,0000	1,0060	1,0120	1,0181	1,0232	1,0283	1,0334
Índice de variação salarial (SL)	1,0000	1,0000	1,0000	1,0150	1,0150	1,0455	1,0455
Percentual de encargos sociais	29,0%	29,0%	29,0%	29,0%	29,0%	29,0%	29,0%
Percentual de provisões	40,0%	40,0%	40,0%	40,0%	40,0%	40,0%	40,0%

O orçamento de despesas é composto pelos seguintes quadros orçamentários:

- orçamento de despesas comerciais;
- orçamento de despesas administrativas;
- detalhamento da mão de obra direta e indireta;
- resumo de despesas com pessoal;
- resumo de despesas gerais, exceto despesas com pessoal e depreciações.

4.4.1 Orçamento de despesas comerciais

O orçamento de despesas comerciais é diferente do orçamento de vendas, que projeta as quantidades e o valor de vendas. Aqui, a finalidade é determinar o valor das despesas que serão necessárias para fazer funcionar a estrutura comercial da empresa em função das projeções realizadas no orçamento de vendas.

Por exemplo, existem despesas que sofrem aumento ou redução, dependendo da variação no volume de vendas. É o caso de fretes e carretos. Podem existir outras despesas variáveis, tais como as comissões de vendas e taxas de cartão de crédito. Quanto mais vender, mais aumentará o valor dessas despesas. O inverso também é verdadeiro: quanto menos vender, menor será o valor dessas despesas.

Quadro 4.11 Orçamento de despesas comerciais

Mês	Base	1	2	3	4	5	6	Total	Observações
(a) Valor de vendas brutas		292.346	295.553	298.836	301.842		307.898	1.801.337	Quadro 4.9, item (e)
(b) Salários	3.571	3.571	3.571	3.625	3.625		3.733	21.858	Valor-base × Índice SL
(c) Encargos sociais	Percentual	1.036	1.036	1.051	1.051		1.083	6.340	c = b × percentual de encargos sociais
(d) Férias, 13º salário e rescisões	Percentual	1.428	1.428	1.450	1.450		1.493	8.742	d = b × percentual de provisões
(e) Fretes e carretos	Variável	10.232	10.344	10.459	10.564		10.776	63.045	e = a × 3,5% (*1)
(f) Outras despesas de vendas	2.000	2.012	2.024	2.036	2.046		2.067	12.242	Valor-base × Índice IG
(g) Total		**18.279**	**18.403**	**18.621**	**18.736**		**19.152**	**112.227**	g = b + ...+ e

Nota: (*1) Os fretes e carretos (sobre vendas) são despesas variáveis em relação ao valor de vendas.

Fonte: elaborado pelo autor.

As vendas brutas, projetadas no Quadro 4.9 (Vendas no mercado nacional), servem de base para cálculo de despesas variáveis (no caso, os fretes e carretos).

Os salários efetivos também servem de base para o cálculo de encargos sociais e provisões para férias, 13º salário e rescisões.

O valor-base dos salários é corrigido mensalmente de acordo com a evolução do índice salarial, e, em seguida, são calculados os encargos sociais e outras despesas com pessoal (férias, 13º salário e rescisões) sobre cada um dos valores mensais.

Exemplos (com base em dados do mês 1):

- Salários do mês 1: R$ 3.571 × 1,0000 = R$ 3.571
- Encargos sociais do mês 1: R$ 3.571 × 29% = R$ 1.036
- Férias, 13º salário e rescisões do mês 1: R$ 3.571 × 40% = R$ 1.428

Os fretes e carretos são calculados com a taxa hipotética de 3,5% sobre as vendas brutas. A primeira linha do Quadro 4.11 apresenta os valores de vendas brutas, que servem de base para o cálculo de fretes e carretos.

As outras despesas de vendas são corrigidas mensalmente aplicando-se o índice IG, sempre, sobre o valor-base de R$ 2.000.

4.4.2 Orçamento de despesas administrativas

As formas de calcular os itens do orçamento de despesas administrativas são semelhantes àquelas do orçamento de despesas comerciais, com a diferença de que não existem despesas variáveis.

No nosso exemplo prático, não consideramos a existência de despesas de depreciação para orçamento de despesas administrativas (o mesmo critério foi utilizado para orçamento de despesas comerciais).

Quadro 4.12 Orçamento de despesas administrativas

Mês	Base	1	2	3	4	5	6	Total	Observações
(a) Salários	2.976	2.976	2.976	3.021	3.021		3.111	18.216	Valor-base × Índice SL
(b) Encargos sociais	Percentual	863	863	876	876		902	5.282	b = a × alíquota de encargos sociais
(c) Férias, 13º salário e rescisões	Percentual	1.190	1.190	1.208	1.208		1.244	7.284	c = a × alíquota de provisões
(d) Serviços de terceiros	10.000	10.060	10.120	10.181	10.232		10.334	61.210	Valor-base × Índice IG
(e) Outras despesas gerais	3.000	3.018	3.036	3.054	3.070		3.100	18.363	Valor-base × Índice IG
(f) Total		**18.107**	**18.185**	**18.340**	**18.407**		**18.691**	**110.355**	**e = a + ... + e**

Fonte: elaborado pelo autor.

4.4.3 Detalhamento de despesas com pessoal

O valor de mão de obra direta empregado no orçamento de produção engloba todas as despesas com pessoal direto e, portanto, precisa ser segregado para facilitar a apuração do fluxo de caixa. Isso é feito por meio do Quadro 4.13 (Detalhamento da mão de obra direta e indireta).

No Quadro 4.3 (Custos variáveis de produção), estão calculados os valores totais mensais de mão de obra direta, que engloba os salários, encargos sociais e outras despesas com pessoal, e os salários servem de base para o cálculo dos encargos sociais e outras despesas com pessoal.

Para segregar cada tipo de despesa, primeiramente, apura-se o valor dos salários, mediante a seguinte fórmula:

$$\text{Salários} = \frac{\text{Mão de obra direta}}{1+(\text{percentual de encargos sociais e férias, 13º salário e rescisões})}$$

Determinando o valor dos salários efetivos, aplica-se sobre ele as respectivas alíquotas (29% para encargos sociais e 40% para férias, 13º salário e rescisões).

Exemplos (com base em dados do mês 1):

$$\text{Salários} = \frac{\text{R\$ } 36.514}{1+(0{,}29+0{,}40)} = \text{R\$ } 21.606$$

Encargos sociais = R$ 21.606 × 29% = R$ 6.266

Férias, 13º salário e rescisões = R$ 21.606 × 40% = R$ 8.642

Comprovação: R$ 21.606 + R$ 6.266 + R$ 8.642 = R$ 36.514

As despesas com pessoal indireto (mão de obra indireta) já estão calculadas de forma segregada no Quadro 4.4 (Custos indiretos de produção); portanto, basta transferir os valores para o Quadro 4.13.

4.4.3.1 Distribuição do valor-base

Conforme já explicado na **Seção 3.4 (Exercícios práticos de orçamento empresarial)**, o valor total da mão de obra direta já está calculado pelo total e está sendo distribuído para outras contas. Nesse caso, podem surgir diferenças entre o valor-base e a soma dos valores distribuídos, como ocorreria nos meses 3 e 4. A situação apresentada a seguir é anterior aos ajustes.

Mês	3	4	Observações
(a) Total de mão de obra direta	37.433	37.625	Quadro 4.3, item (j)
(b) Salários	22.150	22.263	b = a / 1,68
(c) Encargos sociais	6.424	6.456	c = b × 29%
(d) Férias, 13º salário e rescisões	8.860	8.905	d = b × 40%
(e) Total de mão de obra direta	**37.434**	**37.624**	**e = b + c + d**

Nota-se que o valor distribuído está R$ 1 maior que o valor-base no mês 3 e que ocorre o inverso no mês 4. Nesses casos, diminui-se R$ 1 em um dos itens no mês 3 e aumenta-se R$ 1 em um dos itens no mês 4.

Se o sistema utilizar número de casas decimais “infinito”, esse problema não será significativo e pode não ser visível nos resultados dos cálculos.

Quadro 4.13 Detalhamento da mão de obra direta e indireta

Mês	Base	1	2	3	4	5	6	Total	Observações
(a) Total de mão de obra direta	36.260	36.514	36.695	37.433	37.625		39.142	226.354	Quadro 4.3, item (j)
(b) Salários	21.456	21.606	21.713	22.150	22.263		23.161	133.937	b = a / 1,69 [*1]
(c) Encargos sociais	6.222	6.266	6.297	6.424	6.456		6.717	38.843	c = b × 29%
(d) Férias, 13º salário e rescisões	8.582	8.642	8.685	8.859	8.906		9.264	53.574	d = b × 40%
(e) Total de mão de obra direta	**36.260**	**36.514**	**36.695**	**37.433**	**37.625**		**39.142**	**226.354**	e = b + c + d [*2]
(f) Salários	5.500	5.500	5.500	5.583	5.583		5.750	33.666	Quadro 4.4, item (a)
(g) Encargos sociais	1.595	1.595	1.595	1.619	1.619		1.668	9.764	Quadro 4.4, item (b)
(h) Férias, 13º salário e rescisões	2.200	2.200	2.200	2.233	2.233		2.300	13.466	Quadro 4.4, item (c)
(i) Total de mão de obra indireta	**9.295**	**9.295**	**9.295**	**9.435**	**9.435**		**9.718**	**56.896**	i = f + g + h
(j) Total de mão de obra	**45.555**	**45.809**	**45.990**	**46.868**	**47.060**		**48.860**	**283.250**	j = f + ... + i

Notas:

[*1] Fórmula para cálculo do salário-base: Total de mão de obra direta / [1 + (alíquota de encargos sociais + alíquota de provisões)].

[*2] Quando o valor do item (e) for diferente do valor do item (a), deve ser adicionado ou diminuído o valor da diferença.

Fonte: elaborado pelo autor.

4.4.4 Resumos de despesas

Os resumos de despesas facilitam a visualização e o processo de apuração da demonstração de fluxos de caixa, pois cada tipo de despesa possui um prazo de pagamento específico. Por exemplo, os salários são pagos integralmente no próprio mês e os encargos sociais são pagos no mês seguinte.

No Quadro 4.14 (Resumo de despesas com pessoal), estão resumidas todas as despesas com pessoal (industrial, comercial e administrativo), segregadas por natureza:

a. salários;

b. encargos sociais;

c. férias, 13º salário e rescisões.

No Quadro 4.15, estão resumidas todas as despesas gerais, com exceção de despesas com pessoal (resumidas no Quadro 4.14) e depreciações, pois as depreciações não transitam pela demonstração de fluxos de caixa; somente pela demonstração de resultado.

Quadro 4.14 Resumo de despesas com pessoal (industrial, comercial e administrativo)

Mês	1	2	3	4	5	6	Total	Observações
(a) Salários	33.653	33.760	34.379	34.492		35.755	207.677	Quadros 4.11, 4.12 e 4.13
(b) Encargos sociais	9.760	9.791	9.970	10.002		10.370	60.229	Quadros 4.11, 4.12 e 4.13
(c) Férias, 13º salário e rescisões	13.460	13.503	13.750	13.797		14.301	83.066	Quadros 4.11, 4.12 e 4.13
(d) Total	**56.873**	**57.054**	**58.099**	**58.291**		**60.426**	**350.972**	

Nota: a finalidade deste quadro é a apuração de salários e encargos sociais a pagar.
Fonte: elaborado pelo autor.

Quadro 4.15 Resumo de despesas gerais, exceto despesas com pessoal e depreciações

Mês	1	2	3	4	5	6	Total	Observações
(a) Despesas gerais industriais	10.563	10.626	10.690	10.743		10.851	64.271	Quadro 4.4, itens (d), (e), (g)
(b) Despesas gerais comerciais	12.244	12.368	12.495	12.610		12.843	75.287	Quadro 4.11, itens (e), (f)
(c) Despesas gerais administrativas	13.078	13.156	13.235	13.302		13.434	79.573	Quadro 4.12, itens (d), (e)
(d) Total	**35.885**	**36.150**	**36.420**	**36.655**		**37.128**	**219.131**	

Nota: a finalidade deste quadro é a apuração de despesas a pagar.
Fonte: elaborado pelo autor.

? Questões

1. Por que a elaboração de orçamento deve ser iniciada com o orçamento de vendas?
2. Quais tipos de custos sofrem o efeito da variação da quantidade de produção?
3. As formas de cálculo de compras brutas no mercado nacional e no mercado externo são diferentes. Cite as principais entre as duas formas de cálculos.
4. As despesas comerciais e administrativas sofrem o impacto do volume de vendas? Cite alguns exemplos.

CAPÍTULO 5

Orçamento de investimentos

Visão geral

O orçamento de investimentos trata de valores investidos em ativos de natureza permanente ou de longo prazo para dar suporte às atividades de operações.

O orçamento de investimentos utiliza os seguintes quadros orçamentários:

- movimentação de investimentos;
- depreciações acumuladas.

5.1 Investimentos e depreciações

O orçamento de investimentos é conhecido também como orçamento de capital e reflete o plano de investimentos em ativos de natureza permanente ou de longo prazo, como: imóveis, máquinas, equipamentos, instalações, veículos, *softwares* etc.

Os ativos fixos (ou ativos imobilizados) existem para manter a capacidade produtiva da empresa e contribuem para a geração de lucro. E, para manter, aumentar ou melhorar sua capacidade produtiva, a empresa precisa trocar ativos imobilizados obsoletos ou investir em novas tecnologias e processos.

5.1.1 Movimentação de investimentos

Os ativos que a empresa pretende adquirir são avaliados e discriminados em um documento conhecido como plano de investimentos. Uma vez aprovado o orçamento, os recursos são adquiridos durante o período orçamentário. A seguir, um exemplo de plano de investimentos.

Plano de investimentos

Discriminação	Mês	Quantidade	Valor unitário	Valor total
MÁQUINA E EQUIPAMENTOS				
■ Máquina de solda ABC, modelo PKY	2	3	1.500	4.500
■ Motor ZZZ, modelo XPZ	2	1	500	500
Total				**5.000**

O imobilizado da empresa do nosso exemplo constitui-se de terrenos e de máquinas e equipamentos. O Quadro 5.1 (Movimentação de investimentos) demonstra a movimentação de investimentos com base em planos de investimentos. Não há previsão de novos investimentos em terrenos, somente em máquinas e equipamentos.

A elaboração do Quadro 5.1 é simples, não exige cálculos complexos, como pode ser observado. As compras estão previstas nos meses 2 e 5.

Existem desinvestimentos (vendas de ativos imobilizados) quando há troca de máquinas e equipamentos por outros mais novos e modernos. Nesse caso, pode haver venda de ativos ou simples baixa. No nosso exemplo, adotamos a premissa de que não haverá ocorrência desses fatores.

Quadro 5.1 Movimentação de investimentos

Mês	Base	1	2	3	4	5	6	Total	Observações
TERRENOS									
(a) Saldo anterior		20.000	20.000	20.000	20.000		20.000	20.000	
(b) (+) Compras		0	0	0	0	0	0	0	Plano de investimentos
(c) (–) Vendas		0	0	0	0	0	0	0	Sem previsão de vendas
(d) (=) Saldo atual	20.000	**20.000**	**20.000**	**20.000**	**20.000**		**20.000**	**20.000**	
MÁQUINAS E EQUIPAMENTOS									
(e) Saldo anterior		145.000	145.000	150.000	150.000		160.000	145.000	
(f) (+) Compras		0	5.000	0	10.000	0	0	15.000	Plano de investimentos
(g) (–) Vendas		0	0	0	0	0	0	0	Sem previsão de vendas
(h) (=) Saldo atual	145.000	**145.000**	**150.000**	**150.000**	**160.000**		**160.000**	**160.000**	

Fonte: elaborado pelo autor.

5.1.2 Depreciações acumuladas

Segundo o Conselho Federal de Contabilidade,[1] "Depreciação é a alocação sistemática do valor depreciável de um ativo ao longo da sua vida útil".

Em outras palavras, a depreciação é a redução do valor de bens tangíveis em função do desgaste ou perda de utilidade por uso, deterioração natural ou obsolescência.

No Quadro 5.2, as depreciações são calculadas mensalmente sobre o saldo anterior do ativo correspondente (no caso, máquinas e equipamentos), à base de 1/12 da taxa determinada, e a depreciação do mês vai sendo acumulada em uma conta específica.

A depreciação de máquinas e equipamentos constitui parte do custo de produção.

As baixas de depreciações acumuladas ocorrem quando há desinvestimento causado pela venda ou simples baixa do ativo.

Exemplo (com base em dados do mês 1):

Depreciação = R$ 150.000 × (15% / 12) = R$ 1.875

---

1 CONSELHO FEDERAL DE CONTABILIDADE. *Resolução n. 2015/NBC TG 27 (R3)*, 6 nov. 2015.

A depreciação do mês é calculada sobre o saldo do ativo imobilizado e soma-se ao saldo anterior de depreciações acumuladas, no valor de R$ 50.000, totalizando R$ 51.813.

A conta depreciações acumuladas tem sinal negativo em relação à conta de ativo, pois é uma conta redutora do correspondente ativo imobilizado. Entretanto, no quadro, estamos representando os valores somente com números positivos.

Quadro 5.2 Depreciações acumuladas

Mês	Base	1	2	3	4	5	6	Total	Observações
MÁQUINAS E EQUIPAMENTOS									
(a) Saldo anterior		50.000	51.813	53.626	55.501		59.376	50.000	
(b) (+) Depreciação 15% a.a.		1.813	1.813	1.875	1.875		2.000	11.376	(*1)
(c) (–) Baixas		0	0	0	0	0	0	0	Sem previsão de baixas
(d) (=) Depreciações acumuladas	**50.000**	**51.813**	**53.626**	**55.501**	**57.376**		**61.376**	**61.376**	

Nota: (*1) A depreciação é calculada mensalmente sobre o saldo anterior do ativo correspondente, na proporção de 1/12 da taxa anual.
Fonte: elaborado pelo autor.

? Questões

1. Qual o outro nome pelo qual o orçamento de investimentos é conhecido e qual a sua finalidade?
2. Conceitue a depreciação.
3. A conta de depreciações acumuladas aumenta ou reduz a conta do ativo imobilizado?

CAPÍTULO 6

Orçamento de financiamentos

Visão geral

O orçamento de financiamentos trata de recursos para financiar as atividades de operações e de investimentos. São recursos que precisam ser planejados com muito cuidado e adequada antecedência para que não ocorra falta de caixa para executar as atividades planejadas.

6.1 Operações financeiras

O orçamento de financiamentos (ou orçamento de operações financeiras) agrupa as movimentações de operações financeiras e os resultados financeiros (juros e variação cambial). É composto pelos seguintes orçamentos específicos:

- orçamento de empréstimos externos;
- orçamento de empréstimos locais;
- orçamento de aplicações financeiras;
- orçamento de variação cambial.

O orçamento de aplicações financeiras integra o orçamento de financiamentos, pois as aplicações financeiras reduzem os financiamentos, e os financiamentos podem ser tratados em termos de "financiamentos líquidos".

Para não ocorrer erros nos cálculos, todos os valores dos quadros orçamentários devem ser inseridos com números "positivos", mesmo os valores que são subtraídos. Com a aplicação das fórmulas, caso a caso, são gerados resultados de forma correta, apresentando resultados positivos ou negativos.

6.1.1 Orçamento de empréstimos externos

Os empréstimos externos, bem como seus juros, são projetados em dólar estadunidense (US$) e convertidos em real (R$). Para simplificar, daqui em diante, vamos chamar o dólar estadunidense somente de "dólar".

O Quadro 6.1 (Empréstimos externos) apresenta a movimentação de principal e juros, em dólar e em real, bem como os resultados de variação cambial.

Quadro 6.1 Empréstimos externos (valores em US$ e R$)

Mês	Base	1	2	3	4	5	6	Total	Observações
EMPRÉSTIMOS EXTERNOS – PRINCIPAL									
(a) Taxa de câmbio	3,2000	3,1520	3,1835	3,2631	3,2794		3,3123		Tabela 3.1.1
Valores em US$									
(b) Saldo anterior		9.300	8.300	8.300	8.300		6.600	9.300	
(c) (+) Captação		1.000	0	0	2.500		0	3.500	Plano de financiamento
(d) (–) Liquidação		2.000	0	0	4.200		0	6.200	Liquidação nos meses 1 e 4
(e) (=) Saldo atual	**9.300**	**8.300**	**8.300**	**8.300**	**6.600**		**6.600**	**6.600**	
Valores em R$									
(f) Saldo anterior		29.760	26.162	26.423	27.084		21.753	29.760	
(g) (+) Captação		3.152	0	0	8.199		0	11.351	g = c × a
(h) (+) Despesa (Receita) de variação cambial		(446)	261	661	135		109	828	h = Saldo ant. corrigido – Saldo ant. original (*1)
(i) (–) Liquidação		6.304	0	0	13.773		0	20.077	i = d × a
(j) (=) Saldo atual	**29.760**	**26.162**	**26.423**	**27.084**	**21.645**		**21.862**	**21.862**	
JUROS SOBRE EMPRÉSTIMOS EXTERNOS									
(k) Número de dias		31	28	31	30	31	30		Premissa: mês 1 = janeiro
(l) Taxa de câmbio	3,2000	3,1520	3,1835	3,2631	3,2794		3,3123		Tabela 3.1
(m) Taxa de juros, em % a.a.		5,0%	5,0%	5,0%	5,0%		5,0%		Tabela 3.2
(n) Saldo médio de empréstimos (em US$)		8.800	8.300	8.300	7.450		6.600		n = (saldo anterior + saldo atual em US$) / 2
Valores em US$									
(o) Saldo anterior		75	0	32	68		28	75	
(p) (+) Despesa de juros		38	32	36	31		28	193	p = n × (m / 360 × k) (*2)
(q) (–) Pagamento		113			99	0		212	Pagamentos trimestrais nos meses 1 e 4
(r) (=) Saldo atual	**75**	**0**	**32**	**68**	**0**		**56**	**56**	

(continua)

(continuação)

Mês	Base	1	2	3	4	5	6	Total	Observações
Valores em R$									
(s) Saldo anterior		240	0	102	222		92	240	
(t) (+) Despesa de juros		120	102	117	102		93	626	t = p × a
(u) (+) Despesa (Receita) de variação cambial		(4)	0	3	1		0	0	Saldo ant. corrigido – Saldo ant. original (*1)
(v) (–) Pagamento		356	0	0	325	0	0	681	v = q × a
(w) (=) Saldo atual	**240**	**0**	**102**	**222**	**0**		**185**	**185**	
(x) Principal + juros a pagar, em R$	**30.000**	**26.162**	**26.525**	**27.306**	**21.645**		**22.047**	**22.047**	x = j + w

Notas:
(*1) Fórmula: (Saldo anterior em US$ × Taxa de câmbio do mês corrente) – (Saldo anterior em US$ × Taxa de câmbio do mês anterior).
(*2) Os juros sobre empréstimos em moeda estrangeira são calculados pelo regime de juros simples.
Fonte: elaborado pelo autor.

A seguir, explicamos passo a passo os cálculos do Quadro 6.1.

6.1.1.1 Empréstimos externos – principal

Nesta parte, consta o plano de financiamento de captações de novos empréstimos e o plano de liquidações, de acordo com as condições contratuais.

A projeção em dólar é feita da seguinte forma:

Valores em US$
Saldo anterior
(+) Captação
(–) Liquidação
(=) Saldo atual

Na parte da projeção em dólar, a apuração do saldo atual de cada mês é feita simplesmente somando a captação ao saldo anterior e subtraindo a liquidação.

Em seguida, os valores em dólar são convertidos em real. Nessa parte, há acréscimo da linha de variação cambial, como segue:

Valores em R$
Saldo anterior
(+) Captação
(+) Despesa (Receita) de variação cambial
(–) Liquidação
(=) Saldo atual

Exemplos (com dados do mês 1):
(g) Captação = US$ 1.000 × R$ 3,1520 = R$ 3.152
(h) Despesa de variação cambial = US$ 9.300 × (3,1520 – 3,2000) = – R$ 446
(i) Liquidação = US$ 2.000 × R$ 3,1520 = R$ 6.304

6.1.1.2 Despesa ou receita de variação cambial

Observe que, na parte relativa à projeção em real, foi acrescida uma linha de despesa ou receita de variação cambial – itens (h) e (u) –, que não existe na parte da projeção em dólar.

A despesa ou receita de variação cambial ocorre somente quando existe variação na taxa de câmbio entre um mês e outro, pois a captação ou amortização de um mês é convertida em real com a taxa de câmbio do próprio mês. Como o empréstimo externo é uma conta do passivo, se houver aumento da taxa de câmbio, o valor em real sofrerá aumento; logo, a diferença a mais será uma despesa de variação cambial. Em caso de redução da taxa de câmbio, haverá redução do valor em real e, portanto, haverá um ganho (receita) de variação cambial.

Pode ser utilizada a seguinte fórmula para calcular a variação cambial:

$$VC = S_{US\$anterior} \times (TC_{atual} - TC_{anterior})$$

Onde:

VC = variação cambial;
$S_{US\$anterior}$ = Saldo anterior em US$;
TC = taxa de câmbio.

Matematicamente, essa fórmula é o mesmo que dizer: “Saldo anterior corrigido – Saldo anterior original”, representado pela seguinte expressão matemática:

$$VC = (S_{US\$anterior} \times TC_{atual}) - (S_{US\$anterior} \times TC_{anterior})$$

O resultado do primeiro termo é o saldo anterior corrigido e o resultado do segundo termo é o saldo anterior original.

Exemplo – com dados do mês 1, item (h):

Aplicando a primeira fórmula:

$VC = S_{US\$anterior} \times (TC_{atual} - TC_{anterior})$

$VC = US\$\ 9.300 \times (R\$\ 3{,}1520 - R\$\ 3{,}2000)$

$VC = US\$\ 9.300 \times -R\$\ 0{,}0480 = -R\$\ 446$ (valor negativo)

Aplicando a segunda fórmula:

$VC = S_{US\$anterior} \times TC_{atual} - S_{US\$anterior} \times TC_{anterior}$

$VC = US\$\ 9.300 \times R\$\ 3{,}1520 - US\$\ 9.300 \times R\$\ 3{,}2000$

$VC = R\$\ 29.314 - R\$\ 29.760 = -R\$\ 446$

Observe que o saldo anterior "corrigido" é R$ 29.314 e o saldo anterior "original" é R$ 29.760, que sofreu redução no valor de R$ 446, gerando receita de variação cambial.

Se o resultado do cálculo for um valor positivo, haverá aumento do valor da dívida, gerando "despesa" de variação cambial. Se o cálculo resultar em valor negativo, haverá redução do valor da dívida, gerando "receita" de variação cambial. O sinal do resultado, positivo ou negativo, deve ser mantido, pois é um resultado decorrente da fórmula aplicada.

6.1.1.3 Juros sobre empréstimos externos

Os cálculos de juros, bem como sua movimentação, também são feitos inicialmente em dólar e, posteriormente, convertidos em real, da mesma forma que foi feito na projeção do principal.

Os dados necessários para calcular os juros são:

- número de dias;
- taxa de câmbio;
- taxa de juros;
- saldo médio de empréstimo (principal).

Esses dados estão demonstrados nos itens (k) a (n). O número de dias do mês-calendário leva em consideração o exato número de dias existentes em um mês civil, assumindo que estamos planejando o período de janeiro a junho.

Inicialmente, é apurado o saldo médio de empréstimos, em dólar – item (n). Em seguida, é calculado o valor do juro pelo regime de juros simples – item (p) –, e projetado o valor dos juros a pagar em função das condições contratuais – item (q). Finalmente, apura-se o saldo de juros a pagar – item (r).

O saldo médio de empréstimos, em dólar, é calculado mediante a seguinte fórmula:

$$\text{Saldo médio de empréstimos} = \frac{\text{Saldo anterior} + \text{Saldo atual}}{2}$$

Para calcular os juros, é recomendável utilizar o saldo médio de dois períodos, para harmonizar as bases de cálculo. Se for utilizado somente o saldo anterior ou o saldo atual, o valor dos juros pode ficar concentrado inadequadamente em um só mês.

$$\text{Despesa de juro} = \text{Principal} \times \text{taxa de juros} \times \text{número de dias}$$

No nosso exemplo, o período da taxa de juros é anual e o período de capitalização é em número de dias; portanto, é preciso harmonizar a taxa de juros e o período de capitalização, podendo converter a taxa de juros para unidade do prazo ou o prazo para o período da taxa de juros.[1]

Exemplos (com base em dados do mês 1, em US$):

$$\text{(n) Saldo médio de empréstimos} = \frac{\text{US\\$ } 9.300 + \text{US\\$ } 8.300}{2} = \text{US\\$ } 8.800$$

$$\text{(p) Despesa de juros} = \text{US\\$ } 8.800 \times \frac{0{,}05}{360} \times 31 = \text{US\\$ } 38$$

(q) Pagamento de juros = US$ 75 + US$ 38 = US$ 113

(r) Saldo atual de juros a pagar = US$ 75 + US$ 38 – US$ 113 = US$ 0

Exemplos (com base em dados do mês 2, em US$):

$$\text{(n) Saldo médio de empréstimos} = \frac{\text{US\\$ } 8.300 + \text{US\\$ } 8.300}{2} = \text{US\\$ } 8.300$$

$$\text{(p) Despesa de juros} = \text{US\\$ } 8.300 \times \frac{0{,}05}{360} \times 28 = \text{US\\$ } 32$$

---

[1] HOJI, Masakazu. *Matemática financeira*: didática, objetiva e prática. São Paulo: Atlas, 2016. p. 35.

(q) Pagamento de juros = não há

(r) Saldo atual de juros a pagar = US$ 0 + US$ 32 – US$ 0 = US$ 32

Após conhecer os valores dos juros mensais e dos juros a pagar em dólar, esses valores são convertidos em real – itens (s) a (w) – para compor a demonstração de resultado e a demonstração de fluxos de caixa.

Exemplos (com base em dados do mês 1, em R$):

(t) Despesa de juros = US$ 38 × R$ 3,1520 = R$ 120

(u) Receita de variação cambial = US$ 38 × (R$ 3,1520 – 3,2000) = –R$ 4

(v) Pagamento de juros = US$ 113 × R$ 3,1520 = R$ 356

(w) Saldo atual = R$ 240 + R$ 120 – R$ 4 – R$ 356 = 0

A forma de cálculo do saldo atual, tanto para valores em dólar como para valores em real, está demonstrada no próprio quadro por meio de sinais de soma ou subtração.

As despesas e receitas convertidas em real vão para a demonstração de resultado e os pagamentos e captações convertidos em real vão para a demonstração dos fluxos de caixa.

6.1.2 Orçamento de empréstimos locais

Os empréstimos locais (em R$), no nosso exemplo, são captados para cobrir o déficit de caixa, quando houver. Esse valor é determinado por meio da demonstração dos fluxos de caixa (DFC), e o empréstimo tomado (ou captado) em um mês é liquidado no mês seguinte.

O Quadro 6.2 (Empréstimos locais) contém duas partes: principal (capital) e juros.

Quadro 6.2 Empréstimos locais (valores em R$)

Mês	Base	1	2	3	4	5	6	Total	Observações
EMPRÉSTIMOS LOCAIS – PRINCIPAL									
(a) Saldo anterior		24.500	25.212	39.283	9.984		276	24.500	
(b) (+) Captação		25.212	39.283	9.984	18.189		0	92.944	DFC, item (y)
(c) (–) Liquidação		24.500	25.212	39.283	9.984		276	117.444	Prazo: 1 mês (liquidação do saldo anterior)
(d) (=) Saldo atual	**24.500**	**25.212**	**39.283**	**9.984**	**18.189**		**0**	**0**	
JUROS SOBRE EMPRÉSTIMOS LOCAIS									
(e) Número de dias		31	28	31	30	31	30		Premissa: mês 1 = janeiro
(f) Taxa de juros, em % a.a.		22,0%	21,6%	21,1%	20,7%		19,8%		Tabela 3.2
(g) IOF, em % a.d.		0,0041%	0,0041%	0,0041%	0,0041%	0,0041%	0,0041%		IOF proporcional ao número de dias
(h) IOF adicional (por contrato)		0,38%	0,38%	0,38%	0,38%	0,38%	0,38%		Premissa: 1 contrato por mês
(i) Saldo médio de empréstimos, em R$		24.856	32.248	24.634	14.087		138		(Saldo anterior + Saldo atual de principal) / 2
(j) Saldo anterior		500	555	654	534		194	500	
(k) (+) Despesa de juros (inclusive IOF)		555	654	534	293		3	2.233	Despesa de juros inclui o IOF (*1)
(l) (–) Pagamento		500	555	654	534		194	2.730	Pagamento do saldo anterior (*2)
(m) (=) Saldo atual	**500**	**555**	**654**	**534**	**293**		**3**	**3**	
(n) Principal + juros, em R$	**25.000**	**25.767**	**39.937**	**10.518**	**18.482**		**3**	**3**	**n = d + m → balanço patrimonial**

Nota:

(*1) Os juros sobre empréstimos em moeda nacional são calculados pelo regime de juros compostos e somados com IOF.

(*2) Observe que existe saldo de juros a pagar no mês 6, mesmo que não haja saldo do principal, item (d). Isso ocorre em função do critério de cálculo dos juros pelo saldo médio, item (i). Se for desejável deixar o saldo de juros a pagar zerado nessas situações, basta acrescentar esse valor no pagamento, item (l).

Fonte: elaborado pelo autor.

A forma de apuração do saldo atual do capital está indicada no próprio quadro, por meio de sinais algébricos. A movimentação de juros também está apresentada da mesma forma.

6.1.2.1 Empréstimos locais – principal

As captações de empréstimos são determinadas na demonstração de fluxos de caixa (DFC) em função da necessidade de cobertura de déficit de caixa após o resgate de aplicação financeira (se houver). E as premissas adotadas indicam que os valores captados são devolvidos (ou liquidados) no mês seguinte.

O saldo atual de empréstimos é apurado como segue:

Movimentação do principal
Saldo anterior
(+) Captação
(−) Liquidação
(=) Saldo atual

6.1.2.2 Movimentação de juros

Os juros de empréstimos locais são calculados pelo regime de juros compostos, mas o IOF (Imposto sobre Operações de Crédito, Câmbio e Seguro, ou relativas a Títulos ou Valores Mobiliários)[2] é calculado de forma simples, proporcionalmente ao número de dias ou ao número de operações financeiras contratadas, conforme o tipo de incidência.

O saldo atual de juros a pagar é apurado como segue:

Movimentação dos juros
Saldo anterior
(+) Despesa de juros (inclusive IOF)
(−) Pagamento
(=) Saldo atual

Os seguintes dados são necessários para calcular os juros de empréstimos locais – itens (e) a (i):

---

2 IOF é um imposto federal e tem como principal função ser um instrumento da política de crédito, câmbio, seguro e valores imobiliários.

- número de dias;
- taxa de juros;
- alíquota do IOF;
- alíquota do IOF adicional;
- saldo médio de empréstimos.

A fórmula para calcular os juros compostos é a seguinte:[3]

$$J = C\,[(1 + i)^n - 1]$$

Onde:

J = juros;
C = capital ou principal;
i = taxa de juros;
n = número de capitalização.

No nosso exemplo, a taxa de juros é expressa em período anual, mas o período (ou prazo) da operação é em número de dias do respectivo mês-calendário. Portanto, o termo *n* (número de capitalização) da fórmula acima é fracionário: o do mês 1 é 31/360, o do mês 2 é 28/360, e assim por diante. Os juros assim calculados são pagos no mês seguinte, juntamente com o principal da dívida.

Nos exemplos a seguir, vamos calcular os juros de duas formas:

Exemplos (com dados do mês 1):

Calculando individualmente os juros e o IOF:

Juros = R\$ 24.856 $[(1+0{,}22)^{31/360} - 1]$

Juros = R\$ 24.856 $[(1{,}22)^{0{,}086111} - 1]$

Juros = R\$ 24.856 $[1{,}017271 - 1]$

Juros = R\$ 24.856 $\times$ 0,017271

Juros = R\$ 429,29

---

[3] HOJI, 2016, p. 51.

O valor do IOF é calculado como segue:

IOF = R$ 24.856 × 0,0041% × 31 dias

IOF = R$ 24.856 × 0,000041 × 31

IOF = R$ 24.856 × 0,001271 = R$ 31,59

O valor do IOF adicional é calculado como segue:

IOF adicional = R$ 24.856 × 0,38% × 1 operação

IOF adicional = R$ 24.856 × 0,0038 = R$ 94,45

Despesa de juros (total) = R$ 429,29 + R$ 31,59 + R$ 94,45 = R$ 555,33, ou R$ 555 em valor sem os centavos.

Caso queira calcular os juros de uma só vez, basta apurar uma taxa única a aplicar sobre o valor do principal:

$$\text{Despesa de juro (total)} = C\{[(1 + i)^n - 1] + (IOF_1 \times Nd) + (IOF_2 \times Nop)\}$$

Onde:

IOF_1 = IOF;

Nd = número de dias (prazo da operação);

IOF_2 = IOF adicional;

Nop = número de operação financeira.

Substituindo as variáveis pelos números:

Despesa de juro (com IOF) = R$ 24.856 {[0,017271] + (0,001271) + (0,0038)}

Despesa de juro (com IOF) = R$ 24.856 × 0,022342 = R$ 555

6.1.3 Orçamento de aplicação financeira

O valor da aplicação financeira é originado na DFC, caso haja sobra de caixa. A aplicação financeira do nosso exemplo consiste em investimento de recurso ocioso por curto prazo, com resgate previsto no mês seguinte ao da aplicação.

O Quadro 6.3 (Aplicações financeiras), a seguir apresentado, está dividido em duas partes: principal e juros.

Quadro 6.3 Aplicações financeiras (valores em R$)

Mês	Base	1	2	3	4	5	6	Total	Observações
TÍTULOS E VALORES MOBILIÁRIOS									
(a) Saldo anterior		12.950	0	0	0		0	12.950	
(b) (+) Aplicação		0	0	0	0		5.731	5.731	DFC, item (x)
(c) (−) Resgate		12.950	0	0	0		0	12.950	Prazo: 1 mês (resgate do saldo anterior)
(d) (=) Saldo atual	**12.950**	**0**	**0**	**0**	**0**		**5.731**	**5.731**	
JUROS SOBRE TÍTULOS E VALORES MOBILIÁRIOS									
(e) Número de dias		31	28	31	30	31	30		Premissa: mês 1 = janeiro
(f) Taxa de juros, em % a.a.		8,5%	8,3%	8,2%	8,0%	7,8%	7,7%		Tabela 3.2
(g) Saldo médio de aplicações financeiras		6.475	0	0	0		2.866		(saldo anterior + saldo atual de títulos e valores imobiliários) / 2
(h) Saldo anterior		50	0	0	0		0	50	
(i) (+) Receita de juros, em R$		46	0	0	0		18	64	(*1)
(j) (−) Imposto de Renda na fonte		22	0	0	0		0	22	Alíquota de 22,5% no resgate (*2)
(k) (−) Recebimento		74	0	0	0		0	74	Recebimento junto com o principal
(l) (=) Saldo final	**50**	**0**	**0**	**0**	**0**		**18**	**18**	
(m) Principal + juros, em R$	**13.000**	**0**	**0**	**0**	**0**		**5.749**	**5.749**	**m = d + l → balanço patrimonial**

Notas:

(*1) Os juros sobre aplicações financeiras são calculados pelo regime de juros compostos.

(*2) O Imposto de Renda é retido na fonte sobre os juros resgatados. O IOF regressivo não foi considerado nos cálculos.

Fonte: elaborado pelo autor.

A parte que reflete a movimentação do principal não exige cálculos complexos, mas os cálculos de juros precisam ser feitos segundo critérios adequados.

6.1.3.1 Movimentação do principal

No mês 1, foi resgatado o saldo existente de títulos e valores mobiliários (aplicação financeira).

Nos meses 2 a 4, não existem saldos de aplicação financeira, pois não existem recursos ociosos nesses meses, conforme pode ser constatado na DFC. Pelo contrário, nesse período, a organização precisará tomar empréstimo local para cobrir os déficits de caixa.

6.1.3.2 Movimentação de juros

Os seguintes dados são necessários para calcular os juros de aplicação financeira:

- número de dias;
- taxa de juros;
- saldo médio de aplicação financeira.

A fórmula para calcular os juros é a mesma do empréstimo:

$$J = C\,[(1+i)^n - 1]$$

Os juros são calculados em um mês e resgatados no mês seguinte, junto com o capital aplicado. Nessa ocasião, sofre a retenção do Imposto de Renda na fonte com alíquota de 22,5%. Logo, o resgate dos juros é feito pelo valor líquido.

Exemplos (com dados do mês 1):

Juros do mês – item (i):

Juros = R\$ 6.475 $[(1 + 0{,}085)^{31/360} - 1]$

Juros = R\$ 6.475 $[(1{,}085)^{0{,}086111} - 1]$

Juros = R\$ 6.475 [1,007050 – 1]

Juros = R\$ 6.475 × 0,007050 = R\$ 46

Imposto de Renda – Fonte – item (j):

Resgate bruto = Saldo anterior + juros do mês = R\$ 50 + R\$ 46 = R\$ 96

Resgate bruto × alíquota = R\$ 96 × 22,5% = R\$ 22

Valor líquido de resgate:

Resgate bruto – Imposto de Renda na Fonte = R\$ 96 – R\$ 22 = R\$ 74

6.1.3.3 O efeito do saldo médio sobre os juros

Observe que o saldo anterior de aplicação financeira é de R$ 12.950 e não há saldo no final do mês 1. Entretanto, utilizamos o saldo médio de R$ 6.475 para calcular os juros do mês. Esse procedimento equivale a dizer que há aplicação financeira no valor de R$ 12.950 até meados do mês, e os juros são calculados sobre esse valor durante "meio mês".

Na prática, na maioria dos casos, não ocorrem aplicações/captações ou resgates/liquidações de operações financeiras somente no primeiro ou último dia de um mês. Portanto, em condições normais, seria razoável considerar que essas operações ocorram com valores distribuídos durante o mês.

Entretanto, se, por exemplo, as condições financeiras de uma organização concentram-se ao final do mês, esse fator deve ser levado em consideração na hora de estabelecer as premissas, de forma que as premissas sejam as mais próximas possíveis de seu cotidiano.

6.1.4 Orçamento de variação cambial

No exemplo desenvolvido, temos somente contas do passivo (dívidas) sujeitas à variação da taxa de câmbio. Utilizamos valor positivo para despesa de variação cambial e valor negativo para receita de variação cambial.

O Quadro 6.4 (Variação cambial) calcula e consolida as variações cambiais das seguintes contas patrimoniais: empréstimos externos e fornecedores estrangeiros.

Quadro 6.4 Variação cambial (valores em R$)

Mês	Base	1	2	3	4	5	6	Total	Observações
EMPRÉSTIMOS EXTERNOS									
(a) Variação cambial do principal		(446)	261	661	135	[illegible]	109	828	Quadro 6.1, item (h)
(b) (+) Variação cambial dos juros		(4)	0	3	1	[illegible]	0	0	Quadro 6.1, item (u)
(c) (=) Despesa (Receita) de variação cambial		**(450)**	**261**	**664**	**136**	[illegible]	**109**	**828**	

(continua)

(continuação)

Mês	Base	1	2	3	4	5	6	Total	Observações
FORNECEDORES ESTRANGEIROS									
(d) Taxa de câmbio	3,2000	3,1520	3,1835	3,2631	3,2794		3,3123		Tabela 3.1
(e) Saldo anterior		12.000	11.802	13.263	12.341		12.589	12.000	
(f) (+) CIF do mês		24.391	24.757	25.504	25.762		26.280	152.712	Quadro 4.8, item (c)
(g) (–) Pagamento		24.409	23.414	26.758	25.284		25.792	152.031	DFC, item (d)
(h) (+) Despesa (Receita) de variação cambial		(180)	118	332	62		63	459	Saldo anterior corrigido – Saldo anterior original
(i) (=) Saldo atual	**12.000**	**11.802**	**13.263**	**12.341**	**12.881**		**13.140**	**13.140**	
RESUMO									
(j) Despesa de variação cambial		0	379	996	198		172	1.917	Somas das despesas das linhas (c) e (h)
(k) (–) Receita de variação cambial		630	0	0	0		0	630	Soma das receitas das linhas (c) e (h)
(l) (=) Despesa (Receita) líquida		**(630)**	**379**	**996**	**198**		**172**	**1.287**	

Fonte: elaborado pelo autor.

A ocorrência de variação cambial está a seguir explicada.

6.1.4.1 Variação cambial de empréstimos externos

A variação cambial dos empréstimos (principal e juros a pagar) já está calculada no Quadro 6.1 (Empréstimos externos). Portanto, basta transferir os valores calculados para este quadro.

No mês 1, apura-se a receita de variação cambial no valor de R$ 450.

6.1.4.2 Variação cambial de fornecedores estrangeiros

A forma de cálculo da variação cambial dos fornecedores estrangeiros é semelhante à dos empréstimos externos, porém mais fácil, por não existir cálculo de juros. Caso o controle de fornecedores externos da organização esteja em dólar, poderia ser utilizada a mesma fórmula da variação cambial dos empréstimos externos:

$$VC = S_{US\$anterior} \times (TC_{atual} - TC_{anterior})$$

Também é possível calcular sem utilizar os valores em dólar, diretamente com base no saldo anterior em real ($S_{R\$anterior}$). Utilizaremos a seguinte fórmula nos nossos cálculos:

$$VC = \frac{S_{R\$anterior}}{TC_{anterior}} \times TC_{atual} - S_{R\$anterior}$$

Exemplos (com dados do mês 1):

$$VC = \frac{R\$\ 12.000}{R\$\ 3{,}2000} \times R\$\ 3{,}1520 - R\$\ 12.000$$

$$VC = US\$\ 3.750 \times R\$\ 3{,}1520 - R\$\ 12.000$$

$$VC = R\$\ 11.820 - R\$\ 12.000 = -R\$\ 180 \text{ (receita de variação cambial)}$$

Observe que, ao dividir o saldo anterior em real pela taxa de câmbio anterior, obtém-se o saldo anterior em dólar.

6.1.4.3 Resumo (despesas e receitas de variação cambial)

As variações cambiais positivas (despesas) e negativas (receitas) apuradas no Quadro 6.4 são como segue:

Despesa (Receita) de variação cambial	1	2	3	4	5	6	Total
Variação cambial de empréstimos externos e juros a pagar – item (c)	(450)	261	664	136	108	109	828
Variação cambial de fornecedores externos – item (l)	(180)	118	332	62	64	63	459
Despesa (Receita) líquida de variação cambial	**(630)**	**379**	**996**	**198**	**172**	**172**	**1.287**

As variações cambiais são segregadas em despesas e receitas no resumo do quadro, para ser utilizadas na demonstração de resultado (DRE). Nessa parte, são agrupados somente os valores das despesas ou das receitas, como segue:

Resumo	1	2	3	4	5	6	Total
(j) Despesa de variação cambial	0	379	996	198	172	172	1.917
(k) Receita de variação cambial	630	0	0	0	0	0	630
(l) Despesa (Receita) líquida de variação cambial	**(630)**	**379**	**996**	**198**	**172**	**172**	**1.287**

O valor líquido da coluna "total" do resumo deve ser igual ao valor líquido total de despesas e receitas de variação cambial apuradas de outras formas.

? Questões

1. Para que serve o orçamento de financiamentos?
2. Quais orçamentos específicos compõem o orçamento de financiamentos?
3. Ocorrendo a redução da taxa de câmbio, aumenta ou diminui o valor do empréstimo em dólar?
4. Por que é recomendável calcular despesas de juros sobre o saldo médio de empréstimos?

CAPÍTULO 7

Demonstrações financeiras projetadas

Visão geral

Os orçamentos de operações, de investimentos e de financiamentos são canalizados para apurar o resultado do exercício e o fluxo de caixa, bem como conhecer a evolução da situação patrimonial.

As seguintes demonstrações financeiras são projetadas com base em dados transitados nos orçamentos mencionados:

- demonstração de resultado;
- demonstração de fluxo de caixa;
- balanço patrimonial.

7.1 Demonstração de resultado

A demonstração de resultado (DRE) projetado é, para a maioria das empresas, a peça orçamentária mais importante, pois é nesse demonstrativo que está consolidado o resultado de toda a operação.

As receitas e despesas estão resumidas nos quadros dos seguintes orçamentos específicos:

- orçamento de produção;
- orçamento de compras e faturamentos;
- orçamento de despesas;
- orçamento de operações financeiras.

As fontes de dados da DRE estão informadas na coluna "Observações", bastando simplesmente transferir para o Quadro 7.1 os valores consolidados nos respectivos quadros orçamentários.

A sequência de cálculos apura inicialmente o **lucro ou prejuízo antes do resultado financeiro**. Este item demonstra o resultado que a operação estará gerando, indicando se a operação é lucrativa ou não.

Em seguida, as despesas e receitas financeiras são acrescentadas à DRE, apurando-se o **lucro ou prejuízo antes do IR e CSLL** (Imposto de Renda e Contribuição Social sobre o Lucro Líquido). Com base nesse valor, calcula-se o Imposto de Renda e Contribuição Social sobre o Lucro Líquido, no nosso exemplo, com a alíquota total de 34%.

Finalmente, temos o **lucro ou prejuízo líquido**. Esse resultado deve ficar dentro das expectativas da organização. Caso contrário, todos os orçamentos específicos são revistos, rediscutidos e recalculados, até chegar a um resultado aceitável pela Administração.

Quadro 7.1 Demonstração de resultado projetado

Mês	1	2	3	4	5	6	Total	Observações
(a) Vendas brutas no mercado nacional	292.346	295.553	298.836	301.842		307.898	1.801.337	Quadro 4.9, item (e)
(b) (–) Impostos	90.140	91.129	92.141	93.068		94.935	555.412	Quadro 4.10, item (g)
(c) (=) Receita líquida	**202.206**	**204.424**	**206.695**	**208.774**		**212.963**	**1.245.925**	
(d) (–) Custo de produtos vendidos	149.089	149.798	151.860	153.289		157.173	916.856	Quadro 4.6, item (e)
(e) (=) Lucro bruto	**53.117**	**54.626**	**54.835**	**55.485**		**55.790**	**329.069**	
(f) (–) Despesas de vendas	18.279	18.403	18.621	18.736		19.152	112.227	Quadro 4.11, item (g)
(g) (–) Despesas administrativas	18.107	18.185	18.340	18.407		18.691	110.355	Quadro 4.12, item (f)
(h) (=) Lucro (Prejuízo) antes do resultado financeiro	**16.731**	**18.038**	**17.874**	**18.342**		**17.947**	**106.487**	
(i) (+) Receitas de juros	46	0	0	0		18	64	Quadro 6.3, item (i)
(j) (–) Despesas de juros	675	756	651	395		96	2.859	Quadro 6.1; Quadro 6.2 (*1)
(k) (+) Receitas de variação cambial	630	0	0	0		0	630	Quadro 6.4, item (k)
(l) (–) Despesas de variação cambial	0	379	996	198		172	1.917	Quadro 6.4, item (j)
(m) (=) Lucro (Prejuízo) antes do IR e CSLL	**16.732**	**16.903**	**16.227**	**17.749**		**17.697**	**102.405**	
(n) (–) Imposto de Renda e CSLL	5.689	5.747	5.517	6.035		6.017	34.818	n = m × 34% (*2)
(o) (=) Lucro (Prejuízo) líquido	**11.043**	**11.156**	**10.710**	**11.714**		**11.680**	**67.587**	

Notas:

(*1) Quadro 6.1, item (t) + Quadro 6.2, item (k).

(*2) O regime tributário é lucro real.

Fonte: elaborado pelo autor.

7.2 Demonstração de fluxos de caixa

O nosso modelo de demonstração de fluxos de caixa (DFC) apresenta as movimentações de entradas e saídas de caixa agrupadas como segue:

Recebimentos operacionais
(−) Pagamentos operacionais
(=) Caixa operacional líquido
(±) Juros e imobilizado
(=) Caixa líquido antes dos financiamentos
(±) Operações financeiras de longo prazo
(±) Operações financeiras de curto prazo
(+) Saldo anterior de caixa
(=) Saldo final de caixa

A DFC é projetada para saber se os volumes de recursos em dinheiro que a empresa recebe serão suficientes para pagar as despesas e as dívidas. Caso haja falta de dinheiro, será necessário captar empréstimos; caso haja sobra de dinheiro, poderá aplicar os recursos ociosos no mercado financeiro.

A DFC completa (finalizada) do período orçamentário é apresentada no Quadro 7.2.

Quadro 7.2 Demonstração de fluxos de caixa projetados

Mês	1	2	3	4	5	6	Total	Observações
Número de dias efetivos	31	28	31	30	31	30		
RECEBIMENTOS OPERACIONAIS								
(a) Recebimentos de vendas	263.288	260.099	318.079	292.002		295.790	1.739.351	BP. Prazo médio = 1,2 mês (36,5 dias)
(b) Total	**263.288**	**260.099**	**318.079**	**292.002**		**295.790**	**1.739.351**	

(continua)

(continuação)

PAGAMENTOS OPERACIONAIS								
(c) Materiais e serviços nacionais	79.342	72.535	85.632	81.339		82.147	486.373	BP. Prazo médio = 1,8 mês (54,7 dias)
(d) Materiais e serviços importados	24.409	23.414	26.758	25.284		25.792	152.031	BP; Quadro 4.8, item (c). Prazo médio = 15 dias (*1)
(e) Gastos com desembaraço aduaneiro	15.527	15.759	16.236	16.400		16.730	97.214	Quadro 4.8, item (h). Pagamentos à vista
(f) Salários e encargos sociais	52.853	55.372	57.000	57.773		59.946	342.173	BP; Quadro 4.14, item (a) (*2)
(g) Tributos – ICMS, IPI, PIS e Cofins	58.000	59.718	60.333	60.806		62.033	362.306	BP. Pagamentos no mês seguinte
(h) Tributos – IR e CSLL	8.000	5.667	5.747	5.517		5.813	36.779	BP. Pagamentos no mês seguinte (*3)
(i) Despesas gerais (ind./adm./com.)	35.885	36.150	36.420	36.655		37.128	219.131	Quadro 4.15, item (d). Pagamentos à vista
(j) Total	**274.016**	**268.615**	**288.126**	**283.774**		**289.589**	**1.696.007**	
(k) Caixa operacional líquido	**(10.728)**	**(8.516)**	**29.953**	**8.228**		**6.201**	**43.344**	**k = b – j**
JUROS E IMOBILIZADO								
(l) (+) Recebimento de juros	74	0	0	0		0	74	Quadro 6.3, item (k)
(m) (–) Pagamento de juros de empréstimos locais	500	555	654	534		194	2.730	Quadro 6.2, item (l)
(n) (–) Pagamento de juros de empréstimos externos	356	0	0	325		0	681	Quadro 6.1, item (v)
(o) (+) Venda de imobilizado	0	0	0	0		0	0	Quadro 5.1, itens (c) e (g). Sem movimento.

(continua)

(continuação)

(p) (–) Compra de Imobilizado	0	5.000	0	10.000		0	15.000	Quadro 5.1, itens (b) e (f)
(q) Líquido	**(782)**	**(5.555)**	**(654)**	**(10.859)**		**(194)**	**(18.337)**	
(r) Caixa líquido antes dos financiamentos	**(11.510)**	**(14.071)**	**29.299**	**(2.631)**		**6.007**	**25.007**	r = k + q
OPERAÇÕES FINANCEIRAS DE LONGO PRAZO								
(s) (+) Captação de empréstimos externos	3.152	0	0	8.199		0	11.351	Quadro 6.1, item (g)
(t) (–) Liquidação de empréstimos externos	6.304	0	0	13.773		0	20.077	Quadro 6.1, item (i)
(u) Líquido	**(3.152)**	**0**	**0**	**(5.574)**		**0**	**(8.726)**	
(v) Caixa líquido antes dos ajustes financeiros	**(14.662)**	**(14.071)**	**29.299**	**(8.205)**		**6.007**	**16.281**	v = r + u
OPERAÇÕES FINANCEIRAS DE CURTO PRAZO								
(w) (+) Resgate de aplicação financeira	12.950	0	0	0		0	12.950	Quadro 6.3, item (c)
(x) (–) Aplicação financeira	0	0	0	0		5.731	5.731	Se saldo final de caixa > R$ 1.000, aplica (*4)
(y) (+) Captação de empréstimos locais	25.212	39.283	9.984	18.189		0	92.944	Se saldo final de caixa < R$ 1.000, capta (*5)
(z) (–) Liquidação de empréstimos locais	24.500	25.212	39.283	9.984		276	117.444	Quadro 6.2, item (c)
(aa) Líquido	**13.662**	**14.071**	**(29.299)**	**8.205**		**(6.007)**	**(17.281)**	
(ab) Saldo inicial de caixa	2.000	1.000	1.000	1.000		1.000	2.000	
(ac) Saldo final de caixa	**1.000**	**1.000**	**1.000**	**1.000**		**1.000**	**1.000**	**ac = v + aa + ab (*6)**

Notas:

(*1) Pagamento = saldo anterior corrigido + 50% do CIF do mês corrente.

(*2) São pagos 100% dos salários do mês e 60% do saldo anterior de salários e encargos sociais a pagar, que contém também 13º salário, férias e rescisões.
(*3) IR = Imposto de Renda; CSLL = Contribuição Social sobre Lucro Líquido.
(*4) Para aplicar o valor do excedente de caixa, deve ser deduzido o saldo mínimo de caixa. O valor deste item vai para o Quadro 6.3, item (b).
(*5) O valor da captação deve ser suficiente para manter o saldo mínimo de caixa. O valor deste item vai para o Quadro 6.2, item (b). Os itens (x) – aplicação financeira – e (y) – captação de empréstimos locais – são mutuamente excludentes. Ou seja, quando há aplicação financeira, não há captação de empréstimos locais e vice-versa.
(*6) O saldo mínimo de caixa é composto por valores como: dinheiro em trânsito, cobranças a creditar na conta bancária etc., que acabam sobrando no final do mês.
Fonte: elaborado pelo autor.

Antes de explicar como são feitos os cálculos da DFC, vamos estudar os efeitos dos prazos médios de recebimento ou pagamento.

7.2.1 Prazo médio de recebimento ou pagamento

A análise e a projeção adequada dos prazos médios de recebimento ou pagamento são importantes para conhecer o valor a receber ou a pagar. Normalmente, os prazos médios são tratados em número de dias.

7.2.1.1 Prazo médio superior a um mês

Quando o prazo médio de recebimento ou pagamento é superior a um mês, o fluxo de caixa do mês seguinte é proveniente do saldo anterior de "ativos circulantes" ou "passivos circulantes", conforme o caso. Por exemplo, se o prazo médio de recebimento é de dois meses, o saldo de contas a receber (no ativo) contém o valor a receber de dois meses.

Veja o fluxo de caixa a seguir. Toda a receita ou toda a despesa do primeiro mês fica acumulada no balanço patrimonial (ativo ou passivo), ocorrendo o mesmo no segundo mês, pois não há realização. No terceiro mês, é realizado o saldo do primeiro mês e acumulado o valor gerado no próprio mês, continuando o saldo a receber ou a pagar, com o valor de R$ 20.000. Daí para frente, o processo se repete continuamente.

Fluxo de caixa com prazo médio de 2 meses

Mês	1	2	3	4	Total
Receita ou Despesa	10.000	10.000	10.000	10.000	**40.000**
(–) Recebimento/pagamento			10.000	10.000	**20.000**
(=) Saldo	**10.000**	**20.000**	**20.000**	**20.000**	**20.000**

7.2.1.2 Prazo médio inferior a um mês

Já quando o prazo médio é menor que um mês, realiza-se o saldo anterior e parte da receita ou despesa do mês, ficando o restante a realizar no mês seguinte. Por exemplo, se o prazo médio é de 0,5 mês, sempre sobrará um saldo correspondente à metade da receita ou despesa do mês, que será realizada no mês seguinte.

Fluxo de caixa com prazo médio de 0,5 mês

Mês	1	2	3	4	Total
Receita ou Despesa	10.000	10.000	10.000	10.000	**40.000**
(–) Recebimento/pagamento	5.000	10.000	10.000	10.000	**35.000**
(=) Saldo	**5.000**	**5.000**	**5.000**	**5.000**	**5.000**

No primeiro mês, recebe-se ou paga-se somente a metade da receita ou despesa do mês, no valor de R$ 5.000, pois não há saldo anterior. Já a partir do mês 2, realiza-se R$ 5.000 relativos ao saldo anterior e R$ 5.000 relativos à metade da receita ou despesa do mês, no total de R$ 10.000.

7.2.1.3 Prazo médio superior a um mês com parte fracionária

Quando o prazo médio é superior a um mês e contém parte fracionária, existe a combinação das duas formas já explicadas. Por exemplo, se o prazo médio é de um mês e meio, a realização ocorre a partir de um mês e meio, ou seja, realiza-se no segundo mês o "primeiro meio mês", no valor de R$ 5.000, sobrando um saldo de R$ 15.000. No terceiro mês, realiza-se o "segundo meio mês" do primeiro mês (restante) e o "primeiro meio mês" do segundo mês, no valor total de R$ 10.000. A partir daí, o saldo continua constante, no valor de R$ 15.000, que contém a receita ou despesa de um mês e meio.

Fluxo de caixa com prazo médio de 1,5 mês

Mês	1	2	3	4	Total
Receita ou Despesa	10.000	10.000	10.000	10.000	**40.000**
(–) Recebimento/pagamento		5.000	10.000	10.000	**25.000**
(=) Saldo	**10.000**	**15.000**	**15.000**	**15.000**	**15.000**

A seguir, estão demonstrados as movimentações e os saldos por quinzena para o exemplo explicado.

Fluxo de caixa com prazo médio de 1,5 mês, por quinzena

Mês	1		2		3		4		Total
Quinzena (Q)	**1ª Q**	**2ª Q**	**1ª Q**	**2ª Q**	**1ª Q**	**2ª Q**	**1ª Q**	**2ª Q**	
Receita ou Despesa	5.000	5.000	5.000	5.000	5.000	5.000	5.000	5.000	40.000
(–) Recebimento/ pagamento				5.000	5.000	5.000	5.000	5.000	25.000
(=) Saldo	**5.000**	**10.000**	**15.000**	**15.000**	**15.000**	**15.000**	**15.000**	**15.000**	**15.000**

7.2.1.4 Prazo médio zero ou à vista

Em transações com recebimento ou pagamento à vista, não fica saldo a receber ou a pagar, pois estão sendo "quitadas" (realizadas) no momento da transação.

Imagine uma transação comercial em uma loja de eletrodomésticos. Ao adquirir um objeto, é emitida uma nota fiscal para que o cliente realize o pagamento. Nesse momento, já há um "valor a receber" por parte da loja. Momentos depois, ou quase simultaneamente, o cliente "quita" o débito. Assim, nada mais natural do que "não existir" saldo a receber ou a pagar.

Fluxo de caixa com prazo médio zero (à vista)

Mês	1	2	3	4	Total
Receita ou Despesa	10.000	10.000	10.000	10.000	**40.000**
(–) Recebimento/pagamento	10.000	10.000	10.000	10.000	**40.000**
(=) Saldo	**0**	**0**	**0**	**0**	**0**

7.2.1.5 Cálculos utilizando o prazo médio em número de dias

O nosso modelo de DFC vai trabalhar com o número de dias efetivos do mês-calendário. Esse detalhe pode ser importante em algumas situações, pois, nos meses que têm menos dias (fevereiro, por exemplo), o volume de vendas pode ser menor. Dessa forma, os recebimentos nesse mês também serão menores. Por exemplo, se o recebimento diário médio é de R$ 1.000, seriam recebidos R$ 28.000 durante o mês de fevereiro, mas seriam recebidos R$ 31.000 no mês de março.

Vamos utilizar uma das seguintes fórmulas para calcular o fluxo de caixa (recebimento ou pagamento) de um mês.

Fórmula para prazo médio superior a um mês:

$$FC = \frac{BP_{ant}}{PM} \times DC$$

Fórmula para prazo médio inferior a um mês:

$$FC = BP_{ant} + \frac{MM}{DC} \times (DC - PM)$$

Onde:

FC = fluxo de caixa (recebimento ou pagamento);
BP_{ant} = saldo anterior de balanço patrimonial;
PM = prazo médio em número de dias;
DC = número de dias efetivo do mês-calendário;
MM = movimento do mês.

Caso as transações sejam realizadas em moeda estrangeira, é preciso calcular o saldo anterior corrigido (BP_{antCor}) dividindo o saldo anterior em real pela taxa de câmbio anterior (TC_{ant}), convertendo esse valor em dólar para o real com a taxa de câmbio atual (TC_{atual}):

$$BP_{antCor} = \frac{BP_{ant}}{TC_{ant}} \times TC_{atual}$$

Nos nossos cálculos, o número de dias médio de um mês será de 30,4 dias, pois 365 dias divididos por 12 meses resulta em 30,4 dias. Aqui, como estamos tratando com número de dias efetivos de mês-calendário, existem meses com 28 (ou 29 em anos bissextos), 30 ou 31 dias, totalizando 365 (ou 366) dias em um ano.

O ano de 360 dias e o mês de 30 dias utilizados para cálculo do juro comercial é uma convenção, mas os juros podem ser calculados também com número exato de dias do ano por meio do juro exato.[1] Observe que, nos cálculos de receitas e despesas de juros, foram utilizadas as fórmulas do juro comercial (360 dias), mas os valores dos juros foram calculados considerando o efetivo número de dias existentes em cada mês.

Podemos, agora, analisar os itens da DFC.

---

[1] HOJI, Masakazu. *Matemática financeira*: didática, objetiva e prática. São Paulo: Atlas, 2016.

7.2.2 Recebimentos operacionais

Recebimentos operacionais são recebimentos decorrentes de atividades operacionais. No nosso exemplo, temos somente o recebimento de clientes.

Mês	1	Observações
RECEBIMENTOS OPERACIONAIS		
(a) Recebimento/pagamento	263.288	BP. Prazo médio = 1,2 mês (36,5 dias)
(b) Saldo	**263.288**	

7.2.2.1 Clientes

Os recebimentos de clientes têm relação com a conta patrimonial "clientes" do ativo. O prazo médio de recebimentos, de acordo com as condições praticadas pela organização, é de 1,2 mês ou 36,5 dias (1,2 mês × 30,4 dias = 36,5 dias).

Exemplo (com dados mês 1):

Aplicando a fórmula de fluxo de caixa para prazo superior a um mês:

$$FC = \frac{BP_{ant}}{PM} \times DC$$

$$FC = \frac{R\$\ 310.000}{36,5\ dias} \times 31\ dias$$

$$FC = R\$\ 263.288$$

Nota: faça os cálculos intermediários com os centavos ou mais casas decimais e arredonde somente o resultado final.

7.2.3 Pagamentos operacionais

Pagamentos operacionais são pagamentos decorrentes de atividades operacionais. Deduzindo esse grupo de contas dos recebimentos operacionais, apura-se o caixa operacional líquido.

Mês	1	Observações
PAGAMENTOS OPERACIONAIS		
(c) Materiais e serviços nacionais	79.342	BP. Prazo médio = 1,8 mês (54,7 dias)
(d) Materiais e serviços importados	24.409	BP; Quadro 4.8, item (c). Prazo médio = 15 dias
(e) Gastos com desembaraço aduaneiro	15.527	Quadro 4.8, item (h). Pagamentos à vista
(f) Salários e encargos sociais	52.853	BP; Quadro 4.14, item (a)
(g) Tributos – ICMS, IPI, PIS e Confins	58.000	BP. Pagamentos no mês seguinte
(h) Tributos – IR e CSLL	8.000	BP. Pagamentos no mês seguinte
(i) Despesas gerais (ind./adm./com.)	35.885	Quadro 4.15, item (d). Pagamentos à vista
(j) Total	**274.016**	
(k) Caixa operacional líquido	**(10.728)**	**k = b – j**

7.2.3.1 Materiais e serviços nacionais

O prazo médio de pagamento de materiais e serviços nacionais, de acordo com os prazos concedidos pelos fornecedores nacionais, é de 1,8 mês ou 54,7 dias.

Exemplo (com dados do mês 1):

$$FC = \frac{BP_{ant}}{PM} \times DC$$

$$FC = \frac{R\$\ 140.000}{54,7 \text{ dias}} \times 31 \text{ dias}$$

FC=R$ 79.342

7.2.3.2 Materiais e serviços importados

O prazo médio é de 15 dias. Portanto, paga-se todo o saldo anterior existente no balanço patrimonial, corrigido pela taxa de câmbio, e 50% do CIF gerado no mês corrente. É importante essa segregação, pois o valor correspondente a 50% do CIF do mês anterior tem valor diferente (tanto em dólar como em real) do valor correspondente a 50% do CIF do mês corrente.

Temos aqui um caso de correção de saldo anterior pela taxa de câmbio. A fórmula a utilizar é a seguinte, porém com saldo anterior (BP_{ant}) corrigido.

$$FC = BP_{ant} + \frac{MM}{DC} \times (DC - PM)$$

Para corrigir o saldo anterior, a fórmula é a seguinte:

$$BP_{antCor} = \frac{BP_{ant}}{TC_{ant}} \times TC_{atual}$$

Substituindo o saldo anterior pelo saldo anterior corrigido, temos a seguinte equação:

$$FC = \frac{BP_{ant}}{TC_{ant}} \times TC_{atual} + \frac{MM}{DC} \times (DC - PM)$$

Exemplo (com dados do mês 1):

$$FC = \frac{R\$\ 12.000}{R\$\ 3{,}2000} \times R\$\ 3{,}1520 + \frac{R\$\ 24.391}{31} \times (31 - 15)$$

$FC = US\$\ 3.750 \times R\$\ 3{,}1520 + R\$\ 786{,}81 \times 16$

$FC = R\$\ 11.920{,}00 + R\$\ 12.588{,}96$

$FC = R\$\ 24.409$

Observe que, ao dividir o saldo anterior pela taxa de câmbio anterior, obtemos o saldo anterior em dólar, e, ao dividir o CIF pelo número de dias efetivo do mês, apura-se o valor diário médio.

Continuando os cálculos: somam-se o saldo anterior corrigido, de R$ 11.820,00, com o valor do CIF relativo aos 16 dias do mês, de R$ 12.588,96, apurando o fluxo de caixa do mês 1, de R$ 24.409.

Com esse cálculo, fica como saldo a pagar no mês seguinte o valor correspondente a 15 dias de prazo médio (R$ 786,81 × 15 dias = R$ 11.802). Observe que esse valor está refletido no passivo, na conta de fornecedores estrangeiros do mês 1.

7.2.3.3 Gastos com desembaraço aduaneiro

A premissa para este item é de pagamento à vista (dentro do próprio mês). Portanto, basta lançar como pagamento o valor consolidado no Quadro 4.8.

O valor de pagamento do mês 1 é de R$ 15.527.

7.2.3.4 Salários e encargos sociais

Para apurar os desembolsos em despesas com pessoal, a premissa é a seguinte: são pagos integralmente os salários dentro do próprio mês, mais 60% do saldo anterior da conta "Salários e encargos sociais". Como os salários são pagos integralmente dentro do próprio mês, o saldo a pagar refere-se aos demais custos e despesas com pessoal.

Os salários do mês corrente estão consolidados no Quadro 4.14, e as demais despesas com pessoal estão contabilizadas na conta do passivo circulante "Salários e encargos sociais" do mês anterior.

Exemplo (com dados do mês 1):

- Salários do mês: R$ 33.653 × 100% = R$ 33. 653 (Quadro 4.14, item (a))
- Salários e encargos sociais: R$ 32.000 × 60% = R$ 19.200 (passivo circulante)
- Total de desembolso: R$ 33.653 + R$ 19.200 = R$ 52.853

Nota: a conta "Salários e encargos sociais" do passivo circulante engloba, além dos encargos sociais, o 13º salário, férias e rescisões a pagar.

7.2.3.5 Tributos – ICMS, IPI, PIS e Cofins

Os saldos devedores de tributos de um mês são pagos integralmente no mês seguinte. Então, basta lançar o saldo da conta do passivo circulante "Tributos a recolher – ICMS, IPI, PIS e Cofins" do mês anterior.

O valor a pagar no mês 1 é de R$ 58.000, que consta no saldo do balanço patrimonial do mês anterior (mês-base).

7.2.3.6 Imposto de Renda e Contribuição Social sobre Lucro

A premissa para este item também é a de pagamentos no mês seguinte. Portanto, o pagamento do mês corrente é o saldo do mês anterior apresentado na conta do passivo circulante "Tributos a recolher – IR e CSLL".

No mês 1, será pago o valor de R$ 8.000.

7.2.3.7 Despesas gerais

As despesas gerais industriais, comerciais e administrativas são pagas integralmente à vista. O valor está consolidado no Quadro 4.15.

O valor a pagar do mês 1 é de R$ 35.885.

7.2.4 Juros e imobilizado

Este grupo de atividades é complementar às atividades operacionais. Existem recebimentos e pagamentos de juros, bem como venda e compra de ativo imobilizado. Portanto, o resultado líquido deste grupo de contas pode apresentar um valor positivo ou negativo.

Somando o resultado líquido deste grupo de contas ao caixa operacional líquido, tem-se o caixa líquido antes dos financiamentos.

Mês	1	Observações
(k) Caixa operacional líquido	**(10.728)**	k = b – j
JUROS E IMOBILIZADO		
(l) (+) Recebimento de juros	74	Quadro 6.3, item (k)
(m) (–) Pagamento de juros de empréstimos locais	500	Quadro 6.2, item (l)
(n) (–) Pagamento de juros de empréstimos externos	356	Quadro 6.1, item (v)
(o) (+) Venda de imobilizado	0	Quadro 5.1, itens (c) e (g) Sem movimento.
(p) (–) Compra de imobilizado	0	Quadro 5.1, itens (b) e (f)
(q) Líquido	**(782)**	
(r) Caixa líquido antes dos financiamentos	**(11.510)**	r = k + q

7.2.4.1 Recebimento de juros

Os juros do mês corrente incidem sobre o saldo anterior e são recebidos no próprio mês. Os cálculos são feitos no Quadro 6.3 (Aplicações financeiras).

O valor a receber no mês 1 será de R$ 74.

7.2.4.2 Pagamento de juros de empréstimos locais

Os juros do mês corrente são calculados sobre o saldo anterior e pagos no mês corrente. No nosso exemplo, os juros incorporam todos os impostos incidentes sobre eles (no caso, o IOF), e os cálculos estão demonstrados no Quadro 6.2 (Empréstimos locais).

O pagamento previsto para o mês 1 é de R$ 500.

7.2.4.3 Pagamento de juros de empréstimos externos

Da mesma forma que os juros dos empréstimos locais, os cálculos estão demonstrados no Quadro 6.1 (Empréstimos externos). Os valores transferidos para a DFC estão expressos em reais.

Prevê-se o pagamento de R$ 356 no mês 1.

7.2.4.4 Venda de imobilizado

A venda de ativo imobilizado é planejada no Quadro 5.1 (Movimentação de investimentos), mas no nosso exemplo não há movimento no período abrangido pelo orçamento.

7.2.4.5 Compra de imobilizado

As compras de ativo imobilizado integram o orçamento de investimentos e estão demonstradas no Quadro 5.1. No mês 1, não existe previsão de compra.

7.2.5 Operações financeiras de longo prazo

As operações financeiras de médio e longo prazo estão separadas das operações financeiras de curto prazo por possuírem características diferentes. Podem existir operações ativas ou passivas (aplicações financeiras ou captação de empréstimos) em moeda estrangeira ou em moeda local.

No nosso exemplo, existem somente empréstimos externos, que estão demonstrados no Quadro 6.1 (Empréstimos externos). As projeções são feitas originalmente em dólar e convertidas em real. Os valores correspondentes à captação e liquidação de empréstimos externos estão expressos em real.

Adicionando ou subtraindo o resultado líquido deste grupo de contas, apura-se o caixa líquido antes dos ajustes financeiros.

Mês	1	Observações
(r) Caixa líquido antes dos financiamentos	**(11.510)**	r = k + q
OPERAÇÕES FINANCEIRAS DE LONGO PRAZO		
(s) (+) Captação de empréstimos externos	3.152	Quadro 6.1, item (g)
(t) (–) Liquidação de empréstimos externos	6.304	Quadro 6.1, item (i)
(u) Líquido	**(3.152)**	
(v) Caixa líquido antes dos ajustes financeiros	**(14.662)**	v = r + u

7.2.6 Operações financeiras de curto prazo

No nosso exemplo, estamos utilizando somente as contas de aplicação financeira e empréstimos locais, que servem para ajustar a necessidade de caixa. Neste grupo de contas, são considerados somente os valores do capital (principal), pois os juros recebidos e pagos constam do grupo de "Juros e imobilizado".

Mês	1	Observações
(v) Caixa líquido antes dos ajustes financeiros	**(14.662)**	v = r + u
OPERAÇÕES FINANCEIRAS DE CURTO PRAZO		
(w) (+) Resgate de aplicação financeira	12.950	Quadro 6.3, item (c)
(x) (–) Aplicação financeira	0	Se saldo final de caixa > 1.000, aplica
(y) (+) Captação de empréstimos locais	25.212	Se saldo final de caixa < 1.000, aplica
(z) (–) Liquidação de empréstimos locais	24.500	Quadro 6.2, item (c)
(aa) Líquido	**13.662**	
(ab) Saldo inicial de caixa	2.000	
(ac) Saldo final de caixa	**1.000**	**ac = v + aa +ab**

A premissa é de que, havendo saldo de aplicação financeira em um mês, esse valor será resgatado no mês seguinte. Havendo saldo de empréstimo local em um mês, esse valor será liquidado no mês seguinte.

Os resgates de aplicação financeira e as liquidações de empréstimos locais são facilmente determinados, pois são exatamente os valores dos respectivos saldos anteriores.

As questões que exigem mais cuidado são as novas captações de empréstimos locais e novas aplicações financeiras, pois esses valores devem ser captados ou aplicados em valor suficiente para deixar um saldo mínimo de caixa, no valor de R$ 1.000.

O saldo mínimo de caixa é representado por recursos que acabam ficando efetivamente ociosos, tais como: cobranças recebidas e não liberadas na conta bancária, créditos recebidos e não confirmados, depósito em cheque, saldo de caixa para pequenas despesas etc.

7.2.7 Situação financeira antes dos ajustes financeiros

A DFC apresentada no Quadro 7.2 já está com os ajustes financeiros realizados para as condições previstas. Porém, antes dos ajustes financeiros (aplicação ou captação de recursos), a situação seria outra.

O item (v) do Quadro 7.3 (Demonstração de fluxos de caixa projetados – antes dos ajustes financeiros) mostra a situação de caixa "antes dos ajustes financeiros", isto é, antes da captação ou aplicação de recursos.

Os recebimentos e pagamentos de juros exercem impacto e recebem o efeito, simultaneamente, das operações de:

a. novos empréstimos locais;

b. novas aplicações financeiras.

Logo, os cálculos devem ser feitos mês a mês, isto é, completando os cálculos até apurar o saldo final de caixa do mês 1, pois os novos empréstimos ou novas aplicações financeiras exercem efeito sobre os juros e isso, consequentemente, altera o valor do IR e CSLL, bem como o saldo final de caixa do mês 2. E assim, sucessivamente.

Quadro 7.3 Demonstração de fluxos de caixa projetados (antes dos ajustes financeiros)

Mês	1	2	3	4	5	6	Total	Observações
RECEBIMENTOS OPERACIONAIS								
(a) Recebimentos de vendas	263.288	260.099	318.079	292.002	310.093	295.790	1.739.351	BP. Prazo médio = 1,2 mês (36,5 dias)
(b) Total	**263.288**	**260.099**	**318.079**	**292.002**	**310.093**	**295.790**	**1.739.351**	
PAGAMENTOS OPERACIONAIS								
(c) Materiais e serviços nacionais	79.342	72.535	85.632	81.339	85.378	82.147	486.373	BP. Prazo médio = 1,8 mês (54,7 dias)
(d) Materiais e serviços importados	24.409	23.414	26.758	25.284	26.374	25.792	152.031	BP; Quadro 4.8, item (c). Prazo médio = 15 dias
(e) Gastos com desembaraço aduaneiro	15.527	15.759	16.236	16.400	16.562	16.730	97.214	Quadro 4.8, item (h). Pagamentos à vista
(f) Salários e encargos sociais	52.853	55.372	57.000	57.773	59.229	59.946	342.173	BP; Quadro 4.14, item (a)
(g) Tributos – ICMS, IPI, PIS e Cofins	58.000	59.718	60.333	60.806	61.416	62.033	362.306	BP. Pagamentos no mês seguinte
(h) Tributos – IR e CSLL	8.000	5.762	5.969	5.699	6.134	5.879	37.443	BP. Pagamentos no mês seguinte

(continua)

(continuação)

Mês	1	2	3	4	5	6	Total	Observações
(i) Despesas gerais (ind./adm./com.)	35.885	36.150	36.420	36.655	36.893	37.128	219.131	Quadro 4.15, item (d). Pagamentos à vista
(j) Total	**274.016**	**268.710**	**288.348**	**283.956**	**291.986**	**289.655**	**1.696.671**	
(k) Caixa operacional líquido	**(10.728)**	**(8.611)**	**29.731**	**8.046**	**18.107**	**6.135**	**42.680**	**k = b – j**
JUROS E IMOBILIZADO								
(l) (+) Recebimento de juros	74	0	0	0	0	0	74	Quadro 6.3, item (k)
(m) (–) Pagamento de juros de empréstimos locais	500	274	0	0	0	0	774	Quadro 6.2, item (l)
(n) (–) Pagamento de juros de empréstimos externos	356	0	0	325	0	0	681	Quadro 6.1, item (v)
(o) (+) Venda de imobilizado	0	0	0	0	0	0	0	Quadro 5.1, itens (c) e (g). Sem movimento.
(p) (–) Compra de Imobilizado	0	5.000	0	10.000	0	0	15.000	Quadro 5.1, itens (b) e (f)
(q) Líquido	**(782)**	**(5.274)**	**0**	**(10.325)**	**0**	**0**	**(16.381)**	
(r) Caixa líquido antes dos financiamentos	**(11.510)**	**(13.885)**	**29.731**	**(2.279)**	**18.107**	**6.135**	**26.299**	**r = k + q**
OPERAÇÕES FINANCEIRAS DE LONGO PRAZO								
(s) (+) Captação de empréstimos externos	3.152	0	0	8.199	0	0	11.351	Quadro 6.1, item (g)
(t) (–) Liquidação de empréstimos externos	6.304	0	0	13.773	0	0	20.077	Quadro 6.1, item (i)
(u) Líquido	**(3.152)**	**0**	**0**	**(5.574)**	**0**	**0**	**(8.726)**	

(continua)

(continuação)

Mês	1	2	3	4	5	6	Total	Observações
(v) Caixa líquido antes dos ajustes financeiros	**(14.662)**	**(13.885)**	**29.731**	**(7.853)**	**18.107**	**6.135**	**17.573**	**v = r + u**
OPERAÇÕES FINANCEIRAS DE CURTO PRAZO								
(w) (+) Resgate de aplicação financeira	12.950	0	0	0	0	0	12.950	Quadro 6.3, item (c)
(x) (–) Aplicação financeira							0	Se saldo final de caixa > R$ 1.000, aplica
(y) (+) Captação de empréstimos locais							0	Se saldo final de caixa < R$ 1.000, capta
(z) (–) Liquidação de empréstimos locais	24.500	0	0	0	0	0	24.500	Quadro 6.2, item (c)
(aa) Líquido	**(11.550)**	**0**	**0**	**0**	**0**	**0**	**(11.550)**	
(ab) Saldo inicial de caixa	2.000	(24.212)	(38.097)	(8.366)	(16.219)	1.888	2.000	
(ac) Saldo final de caixa	**(24.212)**	**(38.097)**	**(8.366)**	**(16.219)**	**1.888**	**8.023**	**8.023**	**ac = v + aa + ab**

Fonte: elaborado pelo autor.

7.2.8 Aplicar ou captar recursos para ajustar o saldo de caixa

Antes dos ajustes financeiros (captação de empréstimos locais ou aplicação financeira), a DFC apresenta o saldo final de caixa "negativo" de R$ 24.212 no mês 1, como segue:

(v) Caixa líquido antes dos ajustes financeiros	**(14.662)**
OPERAÇÕES FINANCEIRAS DE CURTO PRAZO	
(w) (+) Resgate de aplicação financeira	12.950
(x) (–) Aplicação financeira	
(y) (+) Captação de empréstimos locais	
(z) (–) Liquidação de empréstimos locais	24.500
(aa) Líquido	**(11.550)**
(ab) Saldo inicial de caixa	2.000
(ac) Saldo final de caixa	**(24.212)**

Aplicar ou captar recursos – itens (x) e (y), respectivamente – são condições mutuamente excludentes. Se o saldo antes dos ajustes financeiros for negativo ou abaixo de R$ 1.000 (saldo mínimo de caixa), capta-se empréstimos locais; se for positivo, aplica-se o excedente de caixa.

A situação antes dos ajustes financeiros do mês 1 apresenta saldo negativo de R$ 24.212; logo, captando empréstimo no valor de R$ 25.212, atende à condição de saldo mínimo de caixa no valor de R$ 1.000.

(v) Caixa líquido antes dos ajustes financeiros	**(14.662)**
OPERAÇÕES FINANCEIRAS DE CURTO PRAZO	
(w) (+) Resgate de aplicação financeira	12.950
(x) (–) Aplicação financeira	0
(y) (+) Captação de empréstimos locais	25.212
(z) (–) Liquidação de empréstimos locais	24.500
(aa) Líquido	**13.662**
(ab) Saldo inicial de caixa	2.000
(ac) Saldo final de caixa	**1.000**

7.3 Balanço patrimonial

O balanço patrimonial projetado é uma peça orçamentária que retrata a situação patrimonial no final de cada mês, demonstrando a evolução dos ativos e passivos, bem como do patrimônio líquido.

As contas do ativo e do passivo retratam os valores que a empresa possui e deve, respectivamente, e a diferença entre elas resulta em patrimônio líquido, que indica o valor líquido que a empresa possui ou deve.

Pode-se dizer que as vendas realizadas e não recebidas ficam registradas nas contas do ativo; e as despesas e os custos incorridos e não pagos ficam registrados nas contas do passivo. Se todos os valores a receber forem recebidos e todos os valores a pagar forem pagos, a diferença seria o próprio saldo de caixa.

Quadro 7.4 Balanço patrimonial projetado

Mês	Base	1	2	3	4	5	6	Observações
ATIVO								
Ativo circulante								
(a) Caixa e bancos	2.000	1.000	1.000	1.000	1.000		1.000	DFC, item (ac)
(b) Títulos e valores mobiliários	13.000	0	0	0	0		5.749	DRE, DFC, Quadro 6.3
(c) Clientes	310.000	339.058	374.512	355.269	365.109		371.986	DRE, DFC
(d) Estoques	60.000	59.636	59.919	60.738	61.318		62.875	Quadro 4.6
(e) Total	**385.000**	**399.694**	**435.431**	**417.007**	**427.427**		**441.610**	
Imobilizado								
(f) Terrenos	20.000	20.000	20.000	20.000	20.000		20.000	Quadro 5.1
(g) Máquinas e equipamentos	145.000	145.000	150.000	150.000	160.000		160.000	Quadro 5.1
(h) (–) Depreciações acumuladas	(50.000)	(51.813)	(53.626)	(55.501)	(57.376)		(61.376)	Quadro 5.2
(i) Total	**115.000**	**113.187**	**116.374**	**114.499**	**122.624**		**118.624**	
(j) TOTAL DO ATIVO	**500.000**	**512.881**	**551.805**	**531.506**	**550.051**		**560.234**	
PASSIVO E PATRIMÔNIO LÍQUIDO								
Passivo circulante								
(k) Fornecedores nacionais	140.000	141.702	151.099	148.308	150.650		152.994	Quadro 4.7, DFC
(l) Fornecedores estrangeiros	12.000	11.802	13.263	12.341	12.881		13.140	DFC, Quadros 4.8 e 6.4
(m) Contas a pagar	10.000	10.000	10.000	10.000	10.000		10.000	DFC, Quadros 4.8 e 4.15
(n) Empréstimos locais	25.000	25.767	39.937	10.518	18.482		3	DFC, Quadro 6.2
(o) Empréstimos externos	30.000	26.162	26.525	27.306	21.645		22.047	DFC, Quadros 6.1 e 6.4

(continua)

(continuação)

Mês	Base	1	2	3	4	5	6	Observações
(p) Tributos a recolher – ICMS, IPI, PIS e Cofins	58.000	59.718	60.333	60.806	61.416		62.647	DFC, Quadro 4.10
(q) Tributos a recolher – IR e CSLL	8.000	5.667	5.747	5.517	6.035		6.017	DFC, DRE, Quadro 6.3
(r) Salários e encargos sociais	32.000	36.020	37.702	38.801	39.319		40.799	DFC, Quadro 4.14
(s) Total	**315.000**	**316.838**	**344.606**	**313.597**	**320.428**		**307.647**	
Patrimônio líquido								
(t) Capital social	180.000	180.000	180.000	180.000	180.000		180.000	Estatuto ou Contrato social
(u) Lucros acumulados	5.000	16.043	27.199	37.909	49.623		72.587	DRE
(v) Total	**185.000**	**196.043**	**207.199**	**217.909**	**229.623**		**252.587**	
(w) TOTAL DO PASSIVO E PATRIMÔNIO LÍQUIDO	**500.000**	**512.881**	**551.805**	**531.506**	**550.051**		**560.234**	

Fonte: elaborado pelo autor.

7.3.1 Passo a passo para apurar os saldos das contas do ativo

Demonstramos a seguir, passo a passo, como são apurados os saldos das contas patrimoniais do ativo, tomando como base os dados do mês 1.

7.3.1.1 Caixa e bancos

Esta conta patrimonial representa o resultado apresentado pela DFC. Não é preciso fazer cálculos para determinar o saldo desta conta, pois os cálculos são feitos na própria DFC e seu saldo final é o saldo da conta "Caixa".

Evolução	Valor	Observações
Saldo anterior	2.000	Fontes de dados e premissas para apuração de recebimentos e pagamentos estão discriminadas na DFC.
(+) Recebimentos operacionais	263.288	
(−) Pagamentos operacionais	274.016	
(=) Caixa operacional líquido	**(8.728)**	
(±) Juros e imobilizado	(782)	
(=) Caixa líquido antes dos financiamentos	**(9.510)**	
(±) Operações financeiras de longo prazo	(3.152)	
(=) Caixa líquido antes dos financiamentos	**(12.662)**	
(±) Operações financeiras de curto prazo	13.662	
(=) Saldo final	**1.000**	

7.3.1.2 Títulos e valores mobiliários

O saldo desta conta é aumentado pelas novas aplicações financeiras e receita de juros, e reduzido pelo resgate do principal, recebimentos de juros e Imposto de Renda descontado na fonte sobre os resgates.

Na coluna "Observações", estão discriminadas as fontes de dados. Observe que, na DFC, os sinais estão invertidos: a nova aplicação financeira está com valor negativo e o resgate está com valor positivo, pois está havendo saída de caixa e entrada de caixa respectivamente e as duas contas são do ativo. E esses recursos estão aumentando ou reduzindo a conta de aplicação financeira "Títulos e valores mobiliários".

Evolução	Valor	Observações
Saldo anterior	13.000	BP
(+) Aplicação financeira	0	DFC, item (x)
(−) Resgate	12.950	DFC, item (w)
(+) Receita de juros	46	DRE, item (i)
(−) Recebimento de juros	74	DFC, item (l)
(−) Imposto de Renda na fonte	22	Quadro 6.3, item (j)
(=) Saldo final	**0**	

7.3.1.3 Clientes

Esta conta patrimonial tem o saldo anterior aumentado pelas vendas brutas e reduzido pelo recebimento de clientes.

Evolução	Valor	Observações
Saldo anterior	310.000	BP
(+) Vendas brutas	292.346	DRE, item (a)
(–) Recebimentos	263.288	DFC, item (a)
(=) Saldo final	**339.058**	

7.3.1.4 Estoques

O valor do estoque final é apurado no Quadro 4.6 (Movimentação de estoques).

Conta: estoques

Evolução	Valor	Observações
Saldo anterior	60.000	BP
(+) Produção	148.725	Quadro 4.6, item (b)
(–) Vendas	149.089	Quadro 4.6, item (e)
(=) Saldo final	**59.636**	

7.3.1.5 Terrenos

O saldo desta conta é apurado no Quadro 5.1 (Movimentação de investimentos).

Evolução	Valor	Observações
Saldo anterior	20.000	BP
(+) Compras	0	Quadro 5.1, item (b)
(–) Vendas	0	Quadro 5.1, item (c)
(=) Saldo final	**20.000**	

7.3.1.6 Máquinas e equipamentos

O saldo desta conta é apurado no Quadro 5.1 [Movimentação de investimentos].

Evolução	Valor	Observações
Saldo anterior	145.000	BP
[+] Compras	0	Quadro 5.1, item [f]
[–] Vendas	0	Quadro 5.1, item [g]
[=] Saldo final	**145.000**	

7.3.1.7 Depreciações acumuladas

O saldo desta conta é apurado no Quadro 5.2 [Depreciações acumuladas]. Esta é uma conta redutora do ativo; portanto, apresenta-se com valor negativo no balanço patrimonial.

Os cálculos no Quadro 5.2 são feitos com valores positivos, e, ao transferir os valores para o balanço patrimonial, inverte-se o sinal.

Evolução	Valor	Observações
Saldo anterior	[50.000]	BP
[+] Depreciações	[1.813]	Quadro 5.2, item [b]
[–] Baixas	0	Quadro 5.2, item [c]
[=] Saldo final	**[51.813]**	

7.3.2 Passo a passo para apurar os saldos das contas do passivo

As contas patrimoniais do passivo, quando transitam pela DFC, apresentam o mesmo sinal [positivo = entrada; negativo = saída] utilizado na DFC.

7.3.2.1 Fornecedores nacionais

Esta conta tem o saldo anterior aumentado pelas compras brutas e reduzido pelos pagamentos.

Evolução	Valor	Observações
Saldo anterior	140.000	BP
[+] Compras	81.044	Quadro 4.7, item [e]
[–] Pagamentos	79.342	DFC, item [c]
[=] Saldo final	**141.702**	

7.3.2.2 Fornecedores estrangeiros

Esta conta tem o saldo anterior aumentado pelas compras do exterior e reduzido pelos pagamentos; porém, sofre aumento ou redução em função da variação cambial.

Evolução	Valor	Observações
Saldo anterior	12.000	BP
(+) Compras	24.391	Quadro 4.8, item (c)
(–) Pagamentos	24.409	DFC, item (c)
(+) Variação cambial	(180)	Quadro 6.4, item (h)
(=) Saldo final	**11.802**	

7.3.2.3 Contas a pagar

As despesas industriais, comerciais e administrativas aumentam o saldo desta conta, e os pagamentos reduzem-no.

Evolução	Valor	Observações
Saldo anterior	10.000	BP
(+) Despesas	35.885	Quadro 4.15, item (d)
(–) Pagamentos	35.885	DFC, item (i)
(=) Saldo final	**10.000**	

7.3.2.4 Empréstimos locais

Empréstimos locais são dívidas contraídas em moeda nacional. Os juros devidos são contabilizados na mesma conta.

As captações de novos empréstimos e os juros aumentam o saldo desta conta, e as liquidações dos empréstimos e os pagamentos de juros reduzem-no.

Evolução	Valor	Observações
Saldo anterior	25.000	BP
(+) Captações	25.212	DFC, item (y)
(–) Liquidações	24.500	DFC, item (z)
(+) Juros	555	Quadro 6.2, item (k)
(–) Pagamentos de juros	500	DFC, item (m)
(=) Saldo final	**25.767**	

7.3.2.5 Empréstimos externos

Esta conta funciona da mesma forma que os empréstimos locais, porém, sofre aumento ou redução de valor em função da variação cambial sobre o principal e os juros.

Evolução	Valor	Observações
Saldo anterior	30.000	BP
(+) Captações	3.152	DFC, item (s)
(–) Liquidações	6.304	DFC, item (t)
(+) Juros	120	Quadro 6.1, item (t)
(–) Pagamentos de juros	356	DFC, item (n)
(±) Variação cambial do principal	(446)	Quadro 6.1, item (h)
(±) Variação cambial dos juros	(4)	Quadro 6.1, item (u)
(=) Saldo final	**26.162**	

7.3.2.6 Tributos a recolher – ICMS, IPI, PIS e Cofins

Os tributos devidos pelas vendas são deduzidos dos tributos incidentes nas compras, e a diferença, quando devedor, aumenta o saldo desta conta. Caso não haja saldo devedor, e sim saldo credor, este valor é contabilizado na conta "Tributos a recuperar do ativo".

Evolução	Valor	Observações
Saldo anterior	58.000	BP
(+) Saldo devedor de tributos	59.718	Quadro 4.10, item (i)
(–) Recolhimentos	58.000	DFC, item (g)
(=) Saldo final	**59.718**	

7.3.2.7 Tributos a recolher – IR e CSLL

Os tributos a recolher desta conta são apurados com base no lucro real. Alguns tipos de Imposto de Renda retido na fonte, se não for exclusivamente na fonte, podem ser compensados com o Imposto de Renda a pagar.

Evolução	Valor	Observações
Saldo anterior	8.000	BP
(+) Tributos do mês	5.689	DRE, item (n)
(−) Imposto de Renda na fonte	22	Quadro 6.3, item (j)
(−) Recolhimentos	8.000	DFC, item (g)
(=) Saldo final	**5.667**	

7.3.2.8 Salários e encargos sociais

As despesas com pessoal aumentam o saldo desta conta, e os pagamentos reduzem o saldo.

Evolução	Valor	Observações
Saldo anterior	32.000	BP
(+) Despesas com pessoal	56.873	Quadro 4.14, item (d)
(−) Pagamentos	52.853	DFC, item (f)
(=) Saldo final	**36.020**	

7.3.3 Passo a passo para apurar os saldos das contas do patrimônio líquido

7.3.3.1 Capital social

O capital social é aumentado com a subscrição e integralização de capital em dinheiro ou com transferência de lucros e reservas de lucros. Entretanto, pode haver redução se os sócios assim o desejarem.

O aumento ou redução de capital é decidido em assembleia geral e consta do estatuto social, no caso de sociedades anônimas. No caso de sociedades por quotas de responsabilidade limitada e outros tipos de sociedades, as alterações constam do contrato social.

Evolução	Valor	Observações
Saldo anterior	180.000	BP
(+) Aumento de capital	0	
(−) Redução de capital	0	
(=) Saldo final	**180.000**	

7.3.3.2 Lucros acumulados

O resultado do mês, apurado na DRE, aumenta ou diminui o saldo desta conta (se resultar em lucro, aumenta; se resultar em prejuízo, diminui). A distribuição de lucro e as transferências para outras contas também reduzem o saldo desta conta.

Evolução	Valor	Observações
Saldo anterior	5.000	BP
(±) Resultado do mês	11.043	DRE, item (o)
(–) Distribuição de lucro	0	
(=) Saldo final	**16.043**	

? Questões

1. Qual item da demonstração de resultado indica se a operação é lucrativa ou não, sem considerar as despesas e receitas financeiras?
2. Para que serve a demonstração de fluxos de caixa?
3. Ocorre a venda em um determinado mês e esse valor será recebido no mês seguinte. Nesse caso, o valor das vendas transita pela demonstração do fluxo de caixa em qual mês? E em qual demonstração financeira o valor fica registrado até o efetivo recebimento?

CAPÍTULO 8

Controle orçamentário

Visão geral

Por mais consistentes que sejam as variáveis utilizadas nas projeções, a probabilidade de surgir diferenças entre os valores planejados e os efetivos é praticamente de 100%.

Portanto, há necessidade de acompanhar os volumes e valores das atividades que ocorrem no dia a dia, comparando-os com os dados projetados por meio de controles realizados periodicamente e corrigindo os eventuais desvios de rota.

8.1 Controle e *feedback*

Digamos que foi previsto um lucro de R$ 100 mil no orçamento e o lucro efetivo foi de R$ 120 mil. Essa diferença, por mais favorável que seja, é uma diferença. Chamamos essa diferença de variação orçamentária.

Muitas vezes, ocorre que um ganho adicional em determinado item pode ser anulado pela perda em outro item e vice-versa, aparentando que determinado resultado efetivo tenha sido próximo do planejado.

Por diversos motivos, um valor planejado está sujeito à variação. Portanto, o controle orçamentário em que se compara o valor efetivo com o valor planejado deve ocorrer mensalmente (pelo menos), a tempo de analisar as variações, determinar suas causas e tomar as medidas corretivas para que os resultados planejados sejam atingidos.

A Figura 8.1, a partir da etapa 5, ilustra o processo de análise da variação orçamentária.

Figura 8.1 Processo de planejamento, execução e controle (reprodução da Figura 1.5)

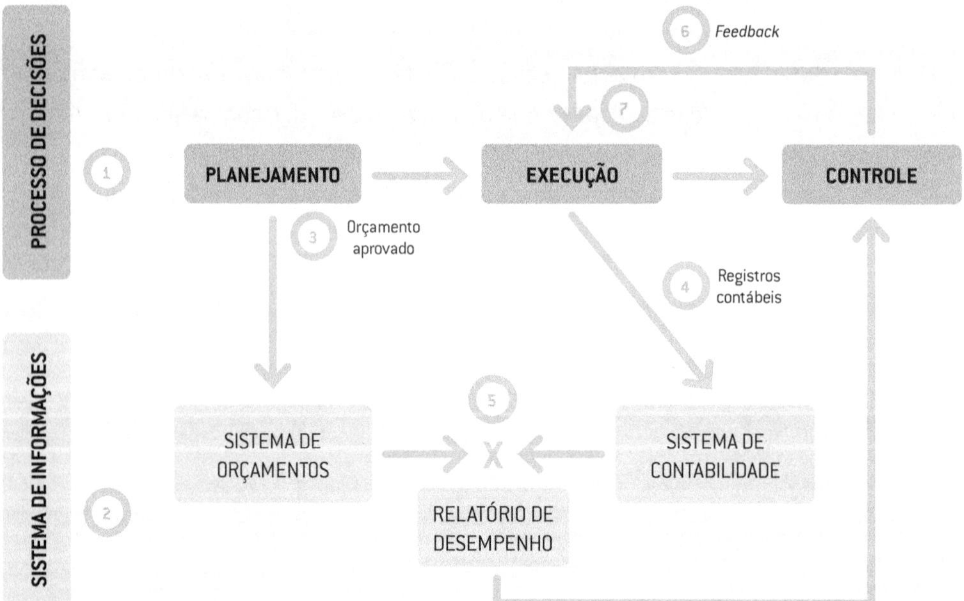

Fonte: elaborada pelo autor.

Para que haja efetivo controle do orçamento, as análises são realizadas, seus resultados são avaliados e ajustes são implementados, caso necessários. Essa fase do planejamento e controle orçamentário é muito importante, pois, comparando sistematicamente os valores efetivamente ocorridos no dia a dia da empresa com os valores planejados, é possível melhorar inclusive o planejamento do próximo período orçamentário.

8.2 Variação orçamentária

Variação orçamentária é a diferença entre o valor planejado (orçado) e o realizado. Ela ocorre em contas de resultados e, também, em contas patrimoniais.

A variação orçamentária pode ser favorável (F) ou desfavorável (D).

Exemplos:

Atividade	Orçado (A)	Real (B)	Variação (B – A)	F/D	Explicação
Venda	100 unidades	90 unidades	(10 unidades)	D	Vendeu menos do que a quantidade orçada
Venda	R$ 1.000	R$ 1.200	R$ 200	F	Vendeu mais do que o valor orçado
Produção	200 unidades	250 unidades	50 unidades	F	Produziu mais do que a quantidade orçada
Produção	R$ 10.000	R$ 12.000	R$ 2.000	D	Gastou mais do que o valor orçado
Despesa com pessoal	R$ 500	R$ 480	(R$ 20)	F	Gastou menos do que o valor orçado
Juros recebidos	R$ 100	R$ 115	R$ 15	F	Recebeu mais do que o valor orçado
Investimentos financeiros	R$ 5.000	R$ 5.200	R$ 200	F	Valor do ativo é maior do que o orçado
Empréstimo	R$ 2.000	R$ 2.250	R$ 250	D	Tomou mais recurso do que o orçado

Quando o resultado de uma atividade provoca ganho ou economia, é favorável. Quando provoca perda ou mais consumo, é desfavorável.

Como pode ser constatado nos exemplos apresentados, as explicações apresentadas para classificar a variação orçamentária em favorável ou desfavorável são coerentes se analisados os resultados das atividades isoladamente.

Proporcionalmente, quanto mais se vende ou consome, mais valor é recebido ou despendido. Quanto menos se vende ou consome, menos valor é recebido ou despendido.

8.2.1 Técnicas de análise

As variações orçamentárias são mensuráveis e podem ser analisadas para melhorar o processo de planejamento e controle financeiro. Cruzando a variação de quantidade com a variação de preço, pode-se chegar a conclusões sobre quanto efeito cada uma provocou na variação sobre o valor planejado (orçado).

A variação do valor realizado em relação ao valor orçado pode ser chamada de **variação total (VT)**. Geralmente, um valor é o resultado de "quantidade x preço". Esse conceito vale para vendas, custos, despesas, serviços, juros e tudo que possa ser quantificado por meio desses dois fatores (quantidade e preço). Quanto maior for a quantidade multiplicada por um preço fixo, maior será o valor total; quanto maior for o preço multiplicado por uma quantidade fixa, maior será o valor total.

Quando há variação na quantidade efetiva em relação à quantidade orçada, ocorre a **variação de quantidade (VQ)**.

Quando há variação de preço efetivo em relação ao preço orçado, haverá **variação de preço (VP)**.

As seguintes equações podem ser utilizadas para a análise da variação orçamentária:[1]

VQ = diferença de quantidade × preço orçado

VP = diferença de preço × quantidade real

VT = VQ + VP

8.2.2 Análise da variação orçamentária de receitas

A venda de uma determinada mercadoria havia sido orçada como segue:

Quantidade	Preço unitário (R$)	Valor total (R$)
1.000	20,00	20.000

Entretanto, a venda efetiva ocorreu da seguinte forma:

Quantidade	Preço unitário (R$)	Valor total (R$)
1.040	19,25	20.020

À primeira vista, parece que o orçamento foi cumprido adequadamente, pois vendeu-se efetivamente R$ 20.020, um valor praticamente igual ao valor orçado de R$ 20.000. Portanto, não haveria necessidade de pesquisar a causa dessa pequena variação. Será que é isso mesmo?

---

[1] HOJI, Masakazu. *Administração financeira e orçamentária*: matemática financeira aplicada, estratégias financeiras, orçamento empresarial. 12. ed. São Paulo: Atlas, 2017. p. 504.

Vamos aplicar as técnicas de análise de variação orçamentária. Primeiramente, apuram-se as diferenças de quantidade e de preço, indicando se é favorável (F) ou desfavorável (D).

Real × orçado	Quantidade	Preço unitário (R$)	Valor total (R$)
Orçado (A)	1.000	20,00	20.000
Real (B)	1.040	19,25	20.020
Variação (B – A)	**40**	**(0,75)**	**20**
F/D	F	D	F

Pelos cálculos, a variação na quantidade foi favorável em 40 unidades, pois vendeu-se mais do que o orçado.

A variação no preço foi desfavorável, pois vendeu-se com preço R$ 0,75 mais baixo do que o orçado.

A variação total foi favorável em R$ 20, um resultado praticamente nulo.

Aplicando as técnicas adequadas, podemos descobrir as causas e mensurar o real efeito da variação orçamentária.

1. Cálculo da variação de quantidade

VQ = diferença de quantidade × preço orçado

VQ = 40 unidades × R$ 20,00 = R$ 800 (favorável)

2. Cálculo da variação de preço

VP = diferença de preço × quantidade real

VP = –R$ 0,75 × 1.040 unidades = –R$ 780 (desfavorável)

3. Cálculo da variação total

VT = VQ + VP

VT = R$ 800 – R$ 780 = R$ 20 (favorável)

As variações calculadas significam que, caso se tivesse vendido tudo pelo preço orçado, haveria um ganho adicional de R$ 800. Por ter vendido efetivamente por um preço menor, esse fato gerou perda de R$ 780. Na soma das duas variações, o resultado final ainda foi positivo em R$ 20. A variação de R$ 800 em relação a R$ 20.000 representa 4%, que pode não ser desprezível.

Pela grandeza das variações constatadas (valor negativo compensando com o valor positivo), pode haver necessidade de investigar suas causas: a quantidade de venda efetiva maior poderia ser em decorrência de preço menor (liquidação, promoção etc.). O preço menor praticado poderia ser em função da concorrência forçada, erro de estimativa, desconto por defeito no produto etc.

Descobrindo as principais causas da variação orçamentária, é possível corrigir eventuais erros ou alavancar positivamente as vendas futuras.

8.2.3 Análise da variação orçamentária de custos

O consumo de matéria-prima de um determinado período havia sido orçado como segue:

Quantidade	Preço unitário (R$)	Valor total (R$)
1.200	12,00	14.400

Entretanto, a produção efetiva apresentou os seguintes dados de consumo:

Quantidade	Preço unitário (R$)	Valor total (R$)
1.100	12,50	13.750

A apuração das variações foi a seguinte:

Real × orçado	Quantidade	Preço unitário (R$)	Valor total (R$)
Orçado (A)	1.200	12,00	14.400
Real (B)	1.100	12,50	13.750
Variação (B – A)	**(100)**	**0,50**	**(650)**
F/D	F	D	F

Pelos cálculos efetuados, a variação na quantidade foi favorável em 100 unidades, pois consumiu-se menos matéria-prima do que orçado.

A variação no preço foi desfavorável, pois o preço pago foi R$ 0,50 mais alto que o orçado.

A variação total foi favorável em R$ 650, pois consumiu-se R$ 13.750 em vez de R$ 14.400.

8.2.3.1 Responsabilidade pelas variações

A responsabilidade pela menor quantidade de produção é do gestor industrial, e a responsabilidade pelo preço mais alto é do gestor de compras. Nessa situação, quem deve ser responsabilizado pela variação negativa de R$ 650? Em que proporção cada um dos dois gestores é responsável?

8.2.3.2 Análise da variação orçamentária

Aplicando as ferramentas de análise, temos os seguintes resultados:

VQ = –100 unidades × R$ 12,00 = –R$ 1.200 (F)
VP = R$ 0,50 × 1.100 unidades = R$ 550 (D)
VT = –R$ 1.200 + 550 = –R$ 650 (F)

O processo de produção consumiu R$ 1.200 a menos em função da quantidade menor, mas o preço total foi R$ 550 a mais em função da diferença de preço unitário. No total, foi favorável em R$ 650 por ter consumido valor total menor.

8.2.3.3 Conclusões

Hipoteticamente, as causas poderiam ser, entre outras:

- aquisição da matéria-prima de melhor qualidade por um preço maior, o que resultou favorável ao processo de produção;
- eficiência da área de produção, que produziu a quantidade efetiva necessária menor do que a projetada, consumindo menos matéria-prima; e ineficiência da área de compras por ter adquirido a matéria-prima por um preço superior ao orçado;
- produção menor e reajuste no preço da matéria-prima em função das condições econômicas, o que estaria fora de controle da empresa.

✔ Exercícios[2]

1. Uma empresa havia planejado (orçado) um lucro bruto no valor de R$ 40.000. Contudo, obteve um resultado maior. Analise as variações orçamentárias da receita líquida e dos custos de vendas, informando se é favorável (F) ou desfavorável (D), apontando a área responsável e as possíveis causas.

	PLANEJADO			REAL		
	Quantidade total (unidades)	Preço unitário (R$)	Valor total (R$)	Quantidade total	Preço unitário	Valor total (R$)
Receita líquida	**5.000**	**40,00**	**200.000**	**4.900**	**42,00**	**205.800**
Matéria-prima	3.200	43,75	140.000	3.400	41,00	139.400
Materiais auxiliares	1.000	20,00	20.000	1.100	20,00	22.000
Lucro bruto			**40.000**			**44.400**

2. O orçamento previa a comissão de R$ 15.000, calculada sobre a venda de R$ 200.000, a uma taxa de 7,5%. Substituindo o valor da venda pela quantidade total e o percentual de comissão pelo preço unitário, calcule a variação orçamentária e faça as devidas análises.

	ORÇAMENTO			REAL		
	Valor-base/ Quantidade	Percentual/ Preço unitário	Valor total (R$)	Valor-base/ Quantidade	Percentual/ Preço unitário	Valor total (R$)
Comissão sobre vendas	200.000	7,5%	15.000	205.800	7,4%	15.229

[2] O gabarito dos exercícios pode ser conferido na seção **Soluções dos exercícios propostos**.

Soluções dos exercícios propostos

Capítulos 1 e 2

Nestes capítulos, há somente questões dissertativas, para as quais o gabarito é o próprio texto expositivo do capítulo.

Capítulo 3

Questões 1 e 2:

O gabarito para estas questões é o próprio texto expositivo do capítulo.

Exercício 3:

Mês	Variação (%)	Índice
Base		100,0000
1	2,5%	102,5000
2	−1,80%	100,6550
3	1,50%	102,1648

Exercício 4:

Mês	Variação (%)	Taxa de câmbio (R$)
Base		3,60
1	–2,7778%	3,50
2	–4,2857%	3,35
3	2,9851%	3,45
4	7,2464%	3,70

Exercício 5:

2,78%

Capítulos 4 a 8

Questões:

O gabarito para estas questões é o próprio texto expositivo do capítulo.

Soluções dos quadros orçamentários:

Quadro 4.1 Projeção de vendas líquidas

Mês	5
(a) Quantidade de vendas	10.253
(b) Índice de inflação geral (IG)	1,0283
(c) Preço unitário sem impostos (R$)	20,5660
(d) Vendas líquidas (R$)	**210.863**

Quadro 4.2 Projeção da quantidade de produção

Mês	5
(a) Vendas	10.253
(b) (+) Estoque final	4.101
(c) (–) Estoque inicial	4.081
(d) (=) Quantidade a produzir	**10.273**

Quadro 4.3 Custos variáveis de produção

Mês	5
(a) Quantidade de produção	10.273
MATÉRIA-PRIMA NACIONAL	
(b) Índice de inflação geral (IG)	1,0283
(c) Custo unitário (em R$)	6,1698
(d) Custo total (em R$)	**63.382**
MATÉRIA-PRIMA IMPORTADA	
(e) Taxa de câmbio (TC)	3,2958
(f) Custo unitário (em R$)	3,0898
(g) Custo total (em R$)	**31.742**
MÃO DE OBRA DIRETA	
(h) Índice de salário (SL)	1,0455
(i) Custo unitário (em R$)	3,7910
(j) Custo total (em R$)	**38.945**
(k) Custos variáveis totais	**134.069**

Quadro 4.4 Custos indiretos de produção

Mês	5
(a) Salários	5.750
(b) Encargos sociais	1.668
(c) Férias, 13º salário e rescisões	2.300
(d) Energia elétrica	5.142
(e) Locação de equipamentos	3.599
(f) Depreciação	2.000
(g) Outros custos indiretos	2.057
(h) Total	**22.516**

Quadro 4.5 Custo total de produção

Mês	5
(a) Custos variáveis totais	134.069
(b) Custos indiretos totais	22.516
(c) Custo total de produção	**156.585**

Quadro 4.6 Movimentação de estoques (em quantidade e valor)

Mês	5		
Evolução	Quantidade	Valor total	Custo médio unitário
(a) Estoque inicial	4.081	61.318	15,0252
(b) (+) Produção	10.273	156.585	15,2424
(c) (=) Soma	**14.354**	**217.903**	**15,1806**
(d) (–) Estoque final	4.101	62.256	15,1806
(e) (=) Venda	**10.253**	**155.647**	**15,1806**

Quadro 4.7 Compras de matéria-prima nacional

Mês	5
(a) Custo de matéria-prima	63.382
(b) ICMS (16%)	12.073
(c) Custo de matéria-prima com ICMS	**75.455**
(d) IPI, PIS e Cofins (12%)	9.055
(e) Valor bruto da matéria-prima	**84.510**

Quadro 4.8 Importação de matéria-prima

Mês	5
(a) Custo de matéria-prima	31.742
(b) II + Despesa de desembaraço (total 22%)	5.724
(c) Valor CIF	**26.018**
(d) IPI sobre custo de matéria-prima (10%)	3.174
(e) Custo de matéria + IPI	**34.916**
(f) ICMS (18%)	7.664
(g) Valor bruto da matéria-prima	**42.580**
(h) Gastos com desembaraço aduaneiro	**16.562**

Quadro 4.9 Vendas no mercado nacional

Mês	5
(a) Vendas líquidas	210.863
(b) ICMS (17%)	43.189
(c) Vendas líquidas com ICMS	**254.052**
(d) IPI, PIS e Cofins (20%)	50.810
(e) Valor bruto das vendas	**304.862**

Quadro 4.10 Apuração de tributos a recolher ou a recuperar

Mês	5
(a) ICMS sobre vendas	43.189
(b) ICMS sobre compras	19.737
(c) ICMS a recolher (a recuperar)	**23.452**
(d) IPI, PIS e Cofins sobre vendas	50.810
(e) IPI, PIS e Cofins sobre compras	12.229
(f) IPI, PIS e Cofins a recolher (a recuperar)	**38.581**
(g) Total de tributos sobre vendas	93.999
(h) Total de tributos sobre compras	31.966
(i) Tributos a recolher (a recuperar)	**62.033**

Quadro 4.11 Orçamento de despesas comerciais

Mês	5
(a) Valor de vendas brutas	304.862
(b) Salários	3.733
(c) Encargos sociais	1.083
(d) Férias, 13º salário e rescisões	1.493
(e) Fretes e carretos	10.670
(f) Outras despesas de vendas	2.057
(g) Total	**19.036**

Quadro 4.12 Orçamento de despesas administrativas

Mês	5
(a) Salários	3.111
(b) Encargos sociais	902
(c) Férias, 13º salário e rescisões	1.244
(d) Serviços de terceiros	10.283
(e) Outras despesas gerais	3.085
(f) Total	**18.625**

Quadro 4.13 Detalhamento da mão de obra direta e indireta

Mês	5
(a) Total de mão de obra direta	38.945
(b) Salários	23.044
(c) Encargos sociais	6.683
(d) Férias, 13º salário e rescisões	9.218
(e) Total de mão de obra direta	**38.945**
(f) Salários	5.750
(g) Encargos sociais	1.668
(h) Férias, 13º salário e rescisões	2.300
(i) Total de mão de obra indireta	**9.718**
(j) Total de mão de obra	**48.663**

Quadro 4.14 Resumo de despesas com pessoal (industrial, comercial e administrativo)

Mês	5
(a) Salários	35.638
(b) Encargos sociais	10.336
(c) Férias, 13º salário e rescisões	14.255
(d) Total	**60.229**

Quadro 4.15 Resumo de despesas gerais, exceto despesas com pessoal e depreciações

Mês	5
(a) Despesas gerais industriais	10.798
(b) Despesas gerais comerciais	12.727
(c) Despesas gerais administrativas	13.368
(d) Total	**36.893**

Quadro 5.1 Movimentação de investimentos

Mês	5
TERRENOS	
(a) Saldo anterior	20.000
(b) (+) Compras	0
(c) (–) Vendas	0
(d) (=) Saldo atual	**20.000**
MÁQUINAS E EQUIPAMENTOS	
(e) Saldo anterior	160.000
(f) (+) Compras	0
(g) (–) Vendas	0
(h) (=) Saldo atual	**160.000**

Quadro 5.2 Depreciações acumuladas

Mês	5
MÁQUINAS E EQUIPAMENTOS	
(a) Saldo anterior	57.376
(b) (+) Depreciação 15% a.a.	2.000
(c) (–) Baixas	0
(d) (=) Depreciações acumuladas	**59.376**

Quadro 6.1 Empréstimos externos (valores em US$ e R$)

Mês	5
EMPRÉSTIMOS EXTERNOS – PRINCIPAL	
(a) Taxa de câmbio	3,2958
Valores em US$	
(b) Saldo anterior	6.600
(c) (+) Captação	0
(d) (–) Liquidação	0
(e) (=) Saldo atual	**6.600**
Valores em R$	
(f) Saldo anterior	21.645
(g) (+) Captação	0
(h) (+) Despesa (Receita) de variação cambial	108
(i) (–) Liquidação	0
(j) (=) Saldo atual	**21.753**
JUROS SOBRE EMPRÉSTIMOS EXTERNOS	
(k) Número de dias	31
(l) Taxa de câmbio	3,2958
(m) Taxa de juros, em % a.a.	5,0%
(n) Saldo médio de empréstimos (em US$)	6.600
Valores em US$	
(o) Saldo anterior	0
(p) (+) Despesa de juros	28
(q) (–) Pagamento	
(r) (=) Saldo atual	**28**
Valores em R$	
(s) Saldo anterior	0
(t) (+) Despesa de juros	92
(u) (+) Despesa (Receita) de variação cambial	0
(v) (–) Pagamento	0
(w) (=) Saldo atual	**92**
(x) Principal + juros a pagar, em R$	**21.845**

Quadro 6.2 Empréstimos locais (valores em R$)

Mês	5
EMPRÉSTIMOS LOCAIS – PRINCIPAL	
(a) Saldo anterior	18.189
(b) (+) Captação	276
(c) (–) Liquidação	18.189
(d) (=) Saldo atual	**276**
JUROS SOBRE EMPRÉSTIMOS LOCAIS	
(e) Número de dias	31
(f) Taxa de juros, em % a.a.	20,2%
(g) IOF, em % a.d.	0,0041%
(h) IOF adicional (por contrato)	0,38%
(i) Saldo médio de empréstimos, em R$	9.233
(j) Saldo anterior	293
(k) (+) Despesa de juros (inclusive IOF)	194
(l) (–) Pagamento	293
(m) (=) Saldo atual	**194**
(n) Principal + juros, em R$	**470**

Quadro 6.3 Aplicações financeiras (valores em R$)

Mês	5
TÍTULOS E VALORES MOBILIÁRIOS	
(a) Saldo anterior	0
(b) (+) Aplicação	0
(c) (–) Resgate	0
(d) (=) Saldo final	**0**
JUROS SOBRE TÍTULOS E VALORES MOBILIÁRIOS	
(e) Número de dias	31
(f) Taxa de juros, em % a.a.	7,8%
(g) Saldo médio de aplicações financeiras	0

(continua)

(continuação)

(h) Saldo anterior	0
(i) (+) Receita de juros, em R$	0
(j) (–) Imposto de Renda na fonte	0
(k) (–) Recebimento	0
(l) (=) Saldo final	**0**
(m) Principal + juros, em R$	**0**

Quadro 6.4 Variação cambial (valores em R$)

Mês	5
EMPRÉSTIMOS EXTERNOS	
(a) Variação cambial do principal	108
(b) (+) Variação cambial dos juros	0
(c) (=) Despesa (Receita) de variação cambial	**108**
FORNECEDORES ESTRANGEIROS	
(d) Taxa de câmbio	3,2958
(e) Saldo anterior	12.881
(f) (+) CIF do mês	26.018
(g) (–) Pagamento	26.374
(h) (+) Despesa (Receita) de variação cambial	64
(i) (=) Saldo atual	**12.589**
RESUMO	
(j) Despesa de variação cambial	172
(k) (–) Receita de variação cambial	0
(l) (=) Despesa (Receita) líquida	**172**

Quadro 7.1 Demonstração de resultado projetado

Mês	5
(a) Vendas brutas no mercado nacional	304.862
(b) (–) Impostos	93.999
(c) (=) Receita líquida	**210.863**
(d) (–) Custo de produtos vendidos	155.647
(e) (=) Lucro bruto	**55.216**
(f) (–) Despesas de vendas	19.036
(g) (–) Despesas administrativas	18.625
(h) (=) Lucro (Prejuízo) antes do resultado financeiro	**17.555**
(i) (+) Receitas de juros	0
(j) (–) Despesas de juros	286
(k) (+) Receitas de variação cambial	0
(l) (–) Despesas de variação cambial	172
(m) (=) Lucro (Prejuízo) antes do IR e CSLL	**17.097**
(n) (–) Imposto de Renda e CSLL	5.813
(o) (=) Lucro (Prejuízo) líquido	**11.284**

Quadro 7.2 Demonstração de fluxos de caixa projetados

Mês	5
Número de dias efetivos	31
RECEBIMENTOS OPERACIONAIS	
(a) Recebimentos de vendas	310.093
(b) Total	**310.093**
PAGAMENTOS OPERACIONAIS	
(c) Materiais e serviços nacionais	85.378
(d) Materiais e serviços importados	26.374
(e) Gastos com desembaraço aduaneiro	16.562
(f) Salários e encargos sociais	59.229
(g) Tributos – ICMS, IPI, PIS e Cofins	61.416
(h) Tributos – IR e CSLL	6.035
(i) Despesas gerais (ind./adm./com.)	36.893
(j) Total	**291.887**

(continua)

(continuação)

Mês	5
(k) Caixa operacional líquido	**18.206**
JUROS E IMOBILIZADO	
(l) (+) Recebimento de juros	0
(m) (–) Pagamento de juros de empréstimos locais	293
(n) (–) Pagamento de juros de empréstimos externos	0
(o) (+) Venda de imobilizado	0
(p) (–) Compra de Imobilizado	0
(q) Líquido	**(293)**
(r) Caixa líquido antes dos financiamentos	**17.913**
OPERAÇÕES FINANCEIRAS DE LONGO PRAZO	
(s) (+) Captação de empréstimos externos	0
(t) (–) Liquidação de empréstimos externos	0
(u) Líquido	**0**
(v) Caixa líquido antes dos ajustes financeiros	**17.913**
OPERAÇÕES FINANCEIRAS DE CURTO PRAZO	
(w) (+) Resgate de aplicação financeira	0
(x) (–) Aplicação financeira	
(y) (+) Captação de empréstimos locais	276
(z) (–) Liquidação de empréstimos locais	18.189
(aa) Líquido	**(17.913)**
(ab) Saldo inicial de caixa	1.000
(ac) Saldo final de caixa	**1.000**

Quadro 7.4 Balanço patrimonial projetado

Mês	5
ATIVO	
Ativo circulante	
(a) Caixa e bancos	1.000
(b) Títulos e valores mobiliários	0
(c) Clientes	359.878
(d) Estoques	62.256
(e) Total	**423.134**

(continua)

(continuação)

Mês	5
Imobilizado	
(f) Terrenos	20.000
(g) Máquinas e equipamentos	160.000
(h) (–) Depreciações acumuladas	(59.376)
(i) Total	**120.624**
(j) TOTAL DO ATIVO	**543.758**
PASSIVO E PATRIMÔNIO LÍQUIDO	
Passivo circulante	
(k) Fornecedores nacionais	149.782
(l) Fornecedores estrangeiros	12.589
(m) Contas a pagar	10.000
(n) Empréstimos locais	470
(o) Empréstimos externos	21.845
(p) Tributos a recolher – ICMS, IPI, PIS e Cofins	62.033
(q) Tributos a recolher – IR e CSLL	5.813
(r) Salários e encargos sociais	40.319
(s) Total	**302.851**
Patrimônio líquido	
(t) Capital social	180.000
(u) Lucros acumulados	60.907
(v) Total	**240.907**
(w) TOTAL DO PASSIVO E PATRIMÔNIO LÍQUIDO	**543.758**

Capítulo 8

Exercício 1:

Item da DRE: Receita líquida

	Quantidade total (unidades)	Preço unitário (R$)	Valor total (R$)
Orçado	5.000	40,00	200.000
Real	4.900	42,00	205.800
Variação	**(100)**	**2,00**	**5.800**
F / D	D	F	F

Natureza	Cálculos	F/D	Área responsável
VQ	(100) × 40,00 = (4.000)	D	Vendas
VP	2,00 × 4.900 = 9.800	F	Administração Comercial
VT	**5.800**	F	

Possíveis motivos:

- aumento de preço reduziu o volume de vendas;
- preço administrado pela empresa, com teste de aceitação de preço pelo mercado.

Em resumo, a estratégia comercial valeu a pena.

Item da DRE: Matéria-prima

	Quantidade total	Preço unitário (R$)	Valor total (R$)
Orçado	3.200	43,75	140.000
Real	3.400	41,00	139.400
Variação	**200**	**(2,75)**	**(600)**
F / D	D	F	F

Natureza	Cálculos	F/D	Área responsável
VQ =	200 × 43,75 = 8.750	D	Industrial
VP =	(2.75)× 3.400 = (9.350)	F	Compras
VT =	**(600)**	F	

Possíveis causas:

- variação da quantidade: material de pior qualidade; defeito nas máquinas, processo ineficiente etc.;
- variação de preço: ineficiência da área de compras, inflação acima do previsto; escassez de material no mercado etc.

Item da DRE: Materiais auxiliares

	Quantidade total	Valor total (R$)	Preço unitário
Orçado	1.000	20.000	20,00
Real	1.100	22.000	20,00
Variação	**100**	**2.000**	**0,00**
F / D	D	D	xx

Natureza	Cálculos			F/D	Área responsável
VQ =	100	20,00	2.000	D	Industrial
VP =	0,00	1.100	0	–	Compras
VT =	**2.000**	**0**	**2.000**	D	

Possíveis causas:

- variação da quantidade (diversas causas são possíveis);
- variação de preço (diversas causas são possíveis).

Exercício 2:

Item da DRE: Comissão sobre vendas

	Quantidade total	Valor total (R$)	Preço unitário
Orçado	200.000	15.000	7,5%
Real	205.800	15.229	7,4%
Variação	**5.800**	**229**	**–0,1%**
F / D	D	D	F

Natureza	Cálculos	F/D	Área responsável
VQ =	5.800 × 7,5% = 435	D	Comercial
VP =	–0,1% × 205.800 = (206)	F	Administração Comercial
VT =	**229**	D	

Possíveis causas:

- variação da quantidade (diversas causas são possíveis);
- variação de preço (diversas causas são possíveis).

Referências

BANCO CENTRAL DO BRASIL. *Focus – Relatório de mercado*. Disponível em: <https://www.bcb.gov.br/pec/GCI/PORT/readout/readout.asp>. Acesso em: 6 fev. 2017.

CONSELHO FEDERAL DE CONTABILIDADE. *Resolução n. 2015/NBC TG 27 (R3)*, 6 nov. 2015.

DICIONÁRIO AULETE DIGITAL. Disponível em: <http://www.aulete.com.br>. Acesso em: 6 fev. 2017.

FIGUEIREDO, Sandra; CAGGIANO, Paulo Cesar. *Controladoria*: teoria e prática. 5. ed. São Paulo: Atlas, 2017.

FREZZATTI, Fábio. *Orçamento empresarial*: planejamento e controle gerencial. 5. ed. São Paulo: Atlas, 2009.

HOJI, Masakazu. *Administração financeira e orçamentária*: matemática financeira aplicada, estratégias financeiras, orçamento empresarial. 12. ed. São Paulo: Atlas, 2017.

___. *Matemática financeira*: didática, objetiva e prática. São Paulo: Atlas, 2016.

___; SILVA, Hélio Alves da. *Planejamento e controle financeiro*: fundamentos e casos práticos de orçamento empresarial. São Paulo, Atlas, 2010.

LUNKES, Rogério João. *Manual de orçamento*. 2. ed. São Paulo: Atlas, 2007.

NAKAGAWA, Masayuki. *Introdução à controladoria*: conceitos, sistemas, implementação. São Paulo: Atlas, 1993.

OLIVEIRA, Djalma de Pinho Rebouças de. *História da administração*: como entender as origens, as aplicações e as evoluções da administração. São Paulo: Atlas, 2012.

PADOVEZE, Clóvis Luiz. *Controladoria estratégica e operacional*: conceitos, estrutura, aplicação. 3. ed. São Paulo: Cengage Learning, 2012.

PASSARELLI, João; BOMFIM, Eunir de Amorim. *Orçamento empresarial*: como elaborar e analisar. São Paulo: IOB-Thomson, 2004.

VANZELLA, Claíde; LUNKES, Rogério João. Orçamento baseado em atividades: um estudo de caso em empresa distribuidora de energia elétrica. *Contabilidade Vista e Revista*, v. 17, n. 1, jan.-mar. 2006.